房/地/产/蓝/皮/书

中华人民共和国国家统计局
National Bureau of Statistics of China

2010年 中国房地产市场运行监测报告

Monitoring Report on Real Estate Operation of China 2010

主　编　马建堂

副主编　许宪春　魏贵祥

中国人民大学出版社
· 北京 ·

《2010年中国房地产市场运行监测报告》

编委会和编辑部人员

主　编　马建堂

副主编　许宪春　魏贵祥

编　委　盛来运　彭志龙　庞晓林　文兼武

编辑部　（按姓氏笔画顺序排列）

李万茂　余芳东　赵培亚　董礼华　程学斌

撰稿人　（按姓氏笔画顺序排列）

王　璐　王丽华　王志斌　王宝滨　王铁梅　牛文辉
尹小宁　朱展翔　江永宏　刘志军　许春伟　李　芬
李　洁　李　皎　李俊波　李洪侠　何秋和　肖永培
张　琳　张　琦　陈宝顺　陈淑清　陈璇璇　杲海青
郑　新　屈磊旻　柳东升　俞　岚　施发启　姜雷光
顾咪娜　秦来生　龚连军　康　敏　谢　璇　熊　钊
翟善清

前　　言

2010年，面对国际国内环境的复杂变化和严峻挑战，党中央、国务院团结带领全国各族人民，加快转变经济发展方式，加强和改善宏观调控，发挥市场机制作用，有效巩固和扩大了应对国际金融危机冲击成果，国民经济运行态势总体良好。

2010年，也是我国房地产市场调控力度较大的一年。从年初到年底，国家先后出台一系列调控措施，运用土地、金融、税收等多种调控手段，强化各地、各相关部门责任，坚决抑制不合理住房需求，增加住房有效供给，加快保障性安居工程建设，加强市场监管，基本稳定了市场预期，取得较好的效果。一是促进了房地产市场平稳发展。2010年，我国房地产开发投资48 267亿元，同比增长33.2%；全国商品房销售面积104 349万平方米，同比增长10.1%；房地产开发到位资金72 494亿元，同比增长25.4%。二是保障性安居工程建设成效明显。全年各类保障性住房和棚户区改造住房开工590万套，基本建成370万套。三是部分城市房价过快上涨的势头得到初步遏制。2010年后半年房屋销售价格指数逐渐回落，全年70个大中城市房屋销售价格指数呈现先扬后落的特点。

为了向社会各界提供真实而丰富的房地产市场统计信息，系统总结2010年我国房地产市场的运行特点，深入探究房地产市场的发展规律，国家统计局房地产市场统计监测小组编写了《2010年中国房地产市场运行监测报告》。该书全面剖析了2010年全国房地产市场发展状况，深度分析了重点城市房地产市场运行情况，详细回顾了2010年房地产市场调控政策，简要展望了2011年房地产市场调控政策，提供了大量翔实的房地产统计数据，以飨意欲了解、研究房地产市场的广大读者。为了方便读者加深对我国房地产市场的理解，编者还系统分析了2010年我国国民经济运行情况，预判了2011年我国国民经济发展前景，介绍了国际上部分国家和地区房地产市场运行情况。

作为国家统计局年度统计分析系列产品之一，迄今为止，《中国房地产市场运行监测报告》已是第三年正式出版。该书不仅饱含着国家统计局房地产市场统计监测小组全体人员的不懈努力，凝聚着12个重点城市统计局的辛勤奉献，而且得到住房和城乡建设部、国土资源部的一贯支持，中国人民大学出版社工商管理出版分社相关编辑人员也对全书进行了严谨周密的编辑排版，在此一并表示感谢。

马建堂

目　录

第一部分

2010年国民经济运行情况及2011年前景展望

2010年，面对极为复杂的国内外经济环境和各种重大挑战，党中央、国务院审时度势，科学决策，不断加强和改善宏观调控，加快转变经济发展方式，发挥市场机制作用，有效巩固和扩大了应对国际金融危机冲击成果，国民经济运行态势总体良好。

一、国民经济发展基本情况

初步测算，2010年全年国内生产总值达397 983亿元，按可比价格计算，比上年增长10.3%，增速比上年提高1.1个百分点。分季度看，一季度同比增长11.9%，二季度增长10.3%，三季度增长9.6%，四季度增长9.8%。分产业看，第一产业同比增加值40 497亿元，增长4.3%；第二产业增加值186 481亿元，增长12.2%；第三产业增加值171 005亿元，增长9.5%。

（一）农业生产稳定增长

2010年全年粮食总产量达到54 641万吨，比上年增长2.9%，连续七年增产。其中，夏粮产量12 310万吨，下降0.3%；早稻3 132万吨，下降6.1%；秋粮39 199万吨，增长4.8%。油料产量增长2.7%，糖料下降1.9%。肉类产量保持稳定增长，全年猪牛羊禽肉产量7 780万吨，增长3.6%。其中，猪肉产量5 070万吨，增长3.7%。

（二）工业生产平稳增长

2010年全年规模以上工业增加值比上年增长15.7%，增速比上年加快4.7个百分点。分季度看，一季度同比增长19.6%，二季度增长15.9%，三季度增长13.5%，四季度增长13.3%。分登记注册类型看，国有及国有控股企业增长13.7%；集体企业增长9.4%；股份制企业增长16.8%；外商及港澳台投资企业增长14.5%。分轻重工业看，重工业增长16.5%，轻工业增长13.6%。分行业看，在39个大类行业中，38个行业实现比上年增长。分地区看，东部地区增长14.9%，中部地区增长18.4%，西部地区增长15.5%。工业产销衔接状况良好，全年规模以上工业企业产销率达到97.9%，比上年提高0.2个百分点。

1—11月份，全国规模以上工业企业实现利润38 828亿元，同比增长49.4%，比上年同期加快41.6个百分点。在39个大类行业中，38个行业利润同比增长。

（三）投资保持较快增长

2010年全年全社会固定资产投资278 140亿元，比上年增长23.8%，增速比上年回落6.2个百分点，扣除价格因素，实际增长19.5%。其中，城镇固定资产投资241 415亿元，增长24.5%，回落5.9个百分点；农村固定资产投资36 725亿元，增长19.7%，回落7.6个百分点。在城镇投资中，第一产业投资增长18.2%，第二产业投资增长23.2%，第三产业投资增长25.6%。分地区看，东部地区投资增长22.8%，中部地区增长26.9%，西部地区增长26.2%。全年房地产开发投资48 267亿元，增长33.2%。

（四）消费平稳较快增长

2010年全年社会消费品零售总额154 554亿元，比上年增长18.4%；扣除价格因素，实际增长14.8%。按经营单位所在地分，城镇消费品零售额133 689亿元，增长18.8%；乡村消费品零售额

20 865 亿元，增长 16.1%。按消费形态分，餐饮收入 17 636 亿元，增长 18.0%；商品零售 136 918 亿元，增长 18.5%。其中，限额以上企业（单位）商品零售额 58 056 亿元，增长 29.9%。热点消费快速增长，其中，金银珠宝类增长 46.0%，家具类增长 37.2%，汽车类增长 34.8%，家用电器和音像器材类增长 27.7%。

（五）市场物价同比上涨

2010 年全年居民消费价格同比上涨 3.3%。其中，城市上涨 3.2%，农村上涨 3.6%。分类别看，食品上涨 7.2%，烟酒及用品上涨 1.6%，医疗保健和个人用品上涨 3.2%，娱乐教育文化用品及服务上涨 0.6%，居住上涨 4.5%，衣着下降 1.0%，交通和通信下降 0.4%，家庭设备用品及维修服务持平。12 月份居民消费价格同比上涨 4.6%，环比上涨 0.5%。全年工业品出厂价格同比上涨 5.5%，12 月份上涨 5.9%，环比上涨 0.7%。全年原材料、燃料、动力购进价格同比上涨 9.6%，12 月份上涨 9.5%，环比上涨 1.1%。

（六）进出口总额较快增长

2010 年全年进出口总额 29 728 亿美元，比上年增长 34.7%。其中，出口 15 779 亿美元，增长 31.3%；进口 13 948 亿美元，增长 38.7%。进出口相抵，顺差 1 831 亿美元，比上年下降 6.4%。

（七）城乡居民收入稳定增长

2010 全年城镇居民家庭人均总收入 21 033 元，比上年增长 11.5%。其中，城镇居民人均可支配收入 19 109 元，增长 11.3%，扣除价格因素，实际增长 7.8%。在城镇居民家庭人均总收入中，工资性收入增长10.7%，转移性收入增长12.8%，经营净收入增长12.1%，财产性收入增长20.5%。农村居民人均纯收入5 919元，增长14.9%，扣除价格因素，实际增长10.9%。其中，工资性收入增长17.9%，家庭经营纯收入增长12.1%，财产性收入增长21.0%，转移性收入增长13.8%。

（八）货币供应量稳定增长

2010年12月末，广义货币（M2）余额72.6万亿元，比上年末增长19.7%，增幅同比回落8.0个百分点；狭义货币（M1）26.7万亿元，增长21.2%，增幅回落11.2个百分点；流通中货币（M0）4.5万亿元，增长16.7%，提高4.9个百分点。金融机构人民币各项贷款余额47.9万亿元，比年初增加7.9万亿元，比上年少增1.6万亿元；各项存款余额71.8万亿元，比年初增加12.0万亿元，比上年少增1.1万亿元。

二、应对国际金融危机冲击成果得到巩固和扩大

2010年，党中央、国务院不断丰富和完善应对危机的一揽子计划，有效地巩固和扩大了应对国际金融危机冲击的成果，国民经济呈现出“经济增长趋稳、农业基础加强、经济结构优化、民生显著改善”的良好态势。

（一）经济增长逐步趋稳，运行态势总体良好

从国内生产总值看，全年国内生产总值比上年增长10.3%，增速比上年加快1.1个百分点，不仅快于1979—2009年年均

9.9%的增速，也明显快于世界主要国家的平均增速。分季度看，四个季度国内生产总值同比分别增长11.9%，10.3%，9.6%和9.8%，保持了较快增长；二、三季度国内生产总值同比增速分别较上季度回落1.6和0.7个百分点，四季度增速比三季度加快0.2个百分点，经济增长由回落趋于稳定。

从工业运行情况看，6月份以来，规模以上工业增加值月度同比增速持续稳定在13%～14%。规模以上工业增加值一季度同比增长19.6%，二季度增长15.9%，比一季度回落3.7个百分点；三季度增长13.5%，比二季度回落2.4个百分点；四季度增长13.3%，比三季度回落0.2个百分点，季度增速趋于稳定。工业生产增长趋于平稳，对国民经济平稳较快发展发挥了重要作用。

从投资和消费需求看，国内需求高位趋稳巩固了国民经济发展的基础。下半年以来，城镇固定资产投资累计同比增速稳定在25%左右，社会消费品零售总额月度同比增速稳定在18%左右，波动幅度在1个百分点左右，经济增长趋稳的态势明显。

（二）农业基础加强，粮食综合生产能力稳步提高

中央的强农惠农政策进一步提高了粮食综合生产能力。粮食生产经受住了部分地区罕见旱灾、低温寡照、特大水灾等自然灾害的严峻考验，实现了半个世纪以来的首次“七连增”，产量连续4年保持在1万亿斤以上，为经济平稳较快发展和保持价格稳定奠定了坚实的基础。全年粮食产量10 928亿斤，比上年增加312亿斤，增产2.9%。在夏粮和早稻均减产的情况下，秋粮丰收对于全年粮食丰收起到关键性作用。全年秋粮产量7 840亿斤，比上年增加360亿斤，增产4.8%，增产幅度为近五年来第二高。粮食增产主要归因于粮食单产提高和播种面积扩大。2010年粮食单位面积产量达到4 973公斤/公顷，比上年提高103公斤/公顷，因单产提

高增产224亿斤，占增产总量的71.8%；全年粮食播种面积达到10 987万公顷，比上年增加89万公顷，因面积扩大增产88亿斤，占增产总量的28.2%。

（三）经济结构优化，区域发展协调性有所增强

需求结构协调性增强。2010年，最终消费拉动GDP增长3.9个百分点，对GDP增长的贡献率为37.3%；资本形成拉动GDP增长5.6个百分点，对GDP增长的贡献率为54.8%；净出口扭转了上年对GDP增长负拉动的趋势，拉动GDP增长0.8个百分点，对GDP增长的贡献率为7.9%。需求对经济增长拉动协调性增强。

高技术产业增速加快。2010年，高技术产业比上年增长16.6%，增速比上年加快8.9个百分点。装备制造业增长20%，加快8.7个百分点。

区域发展协调性有所增强。2010年，中西部规模以上工业增加值和城镇固定资产投资增速均明显快于东部。从工业看，中部地区规模以上工业增加值比上年增长18.4%，快于东部3.5个百分点；西部地区增长15.5%，快于东部0.6个百分点。从投资看，中部地区城镇固定资产投资增长26.9%，快于东部4.1个百分点；西部地区增长26.2%，快于东部3.4个百分点。

（四）民生显著改善，城乡居民收入稳定增长

新增就业人数大幅增加。前11个月，全国城镇新增就业1 102万人，超额完成全年目标任务。预计全年新增就业将明显超过1 200万人，创历史新高。我国的就业形势与世界主要国家普遍面临失业率居高难下的局面形成了鲜明对比。

城乡居民收入保持较快增长。全年农村居民人均纯收入5 919元，比上年增长14.9%，扣除价格因素，增长10.9%，比上年加

快2.4个百分点，为1998年以来首次超过城镇居民收入增速。其中工资性收入名义增长17.9%，加快6.7个百分点。城镇居民人均可支配收入19 109元，增长11.3%，扣除价格因素，增长7.8%，比上年回落2.0个百分点。在家庭总收入中，工资性收入名义增长10.7%，加快1.1个百分点。城乡居民收入比下降，城镇居民人均可支配收入与农村居民人均纯收入之比由2009年的3.33∶1下降为2010年的3.23∶1。

社会保障水平明显提高。全年共有30个省市上调了企业用工最低工资标准，调整幅度都在10%以上，超过20个省市最低工资涨幅在20%以上。新型农村社会养老保险试点惠及6 700多万人。《国家中长期教育改革和发展规划纲要（2010—2020年）》出台实施，普通高中家庭经济困难学生纳入国家资助体系，中职免费教育范围扩大到城市家庭经济困难学生。基层医疗卫生服务体系得到加强，全年安排中央投资重点支持1.38万所县乡村三级医疗卫生机构建设。全年全国各类保障性住房和棚户区改造住房开工590万套，超过年初确定的计划目标，基本建成370万套。

以上情况表明，2010年我国经济发展取得了不同寻常的成绩，有效巩固和扩大了应对国际金融危机的成果，为“十一五”画上了圆满的句号，为“十二五”继续保持较快发展奠定了良好的基础。取得这样的成绩，是党中央国务院统揽全局、科学决策的结果，是各地区各部门坚定执行应对国际金融危机冲击的一揽子计划、积极工作的结果，是全国人民认真贯彻落实科学发展观、迎难而上、共同努力的结果。

三、2011年国民经济发展展望

2011年是“十二五”规划实施的第一年，是继续巩固和扩大应对国际金融危机成果的关键年份，也是确保“十二五”规划开好局、起好步的重要一年，保持经济平稳较快发展、加快经济发展方式转变具有十分重要的意义。

2011年仍然是极其复杂、极具挑战性的一年。展望2011年，外部环境依然复杂严峻，世界经济不稳定不确定因素仍然较多。国内经济发展还面临一些矛盾和问题，特别是保持物价稳定仍然面临较大压力。此外，节能减排形势依然严峻，农业增产农民增收基础不稳固，结构调整和房地产调控任务依然艰巨。

2011年仍处在发展的重要战略机遇期，经济发展存在很多有利条件。2011年，实施“十二五”规划、发展战略性新兴产业、增强区域发展协调性有利于培育新的经济增长点。重点领域改革的积极推进、有关促进民营经济发展的系列政策的出台，有助于增强经济增长的内在动力和活力。各方面对经济发展前景的信心明显增强，加之扩大内需政策的效应将继续发挥，消费和投资有望继续保持较快增长。从国际看，世界经济复苏虽然基础不巩固、不平衡、步伐缓慢，但总体上仍呈恢复趋势，特别是美国经济近期出现明显好转迹象，将有利于世界经济继续复苏。国际货币基金组织预计2011年全球经济将增长4.2%，尽管低于恢复性增长的2010年（2009年下降0.6%，2010年增长4.8%），但高于1992—2001年3.2%的平均增速。

面对挑战，我们既要保持价格总水平的基本稳定，又要争取加快经济结构战略性调整，转变经济发展方式取得实质性进展。同时，还要确保经济保持平稳较快增长。这就需要认真贯彻落实十七届五中全会和中央经济工作会议精神，以科学发展为主题，以加快转变经济发展方式为主线，更加积极稳妥地处理好保持经济平稳较快发展、调整经济结构、管理通胀预期的关系，下更大力气推进改革开放，下更大力气推进经济结构调整，下更大力气推进节能减排工作，把稳定价格总水平放在更加突出的位置，努力实现经济平稳较快发展。

第二部分

2010 年全国房地产市场运行情况

一、全国房地产开发情况

(一) 全国房地产开发投资高速增长

2010 年，全国房地产开发投资 48 267 亿元，比 2009 年增加 12 025 亿元，增长 33.2%，增速比 2009 年提高 17.1 个百分点。2010 年投资增速是自 1994 年以来最高的（见图 2—1）。

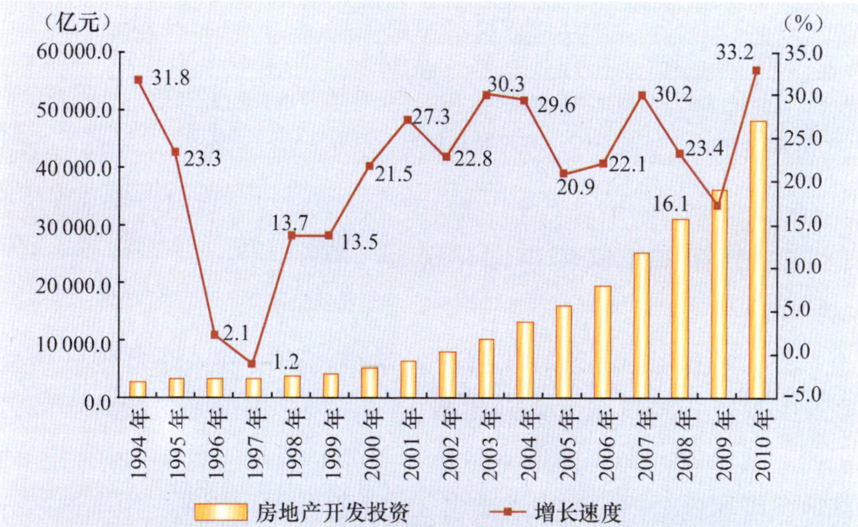

图 2—1 1994 年以来全国房地产开发投资情况

分月看，2010 年全国房地产开发投资各月累计均保持 30%以上的增长速度。1—2 月增速最低，为 31.1%，随后逐月提高，1—5月达到全年最高的 38.2%，6 月之后增速小幅回落，年底回落至 33.2%（见图 2—2）。

分季看，一季度、上半年、前三季度、全年同比分别增长 35.1%，38.1%，36.4%和 33.2%。

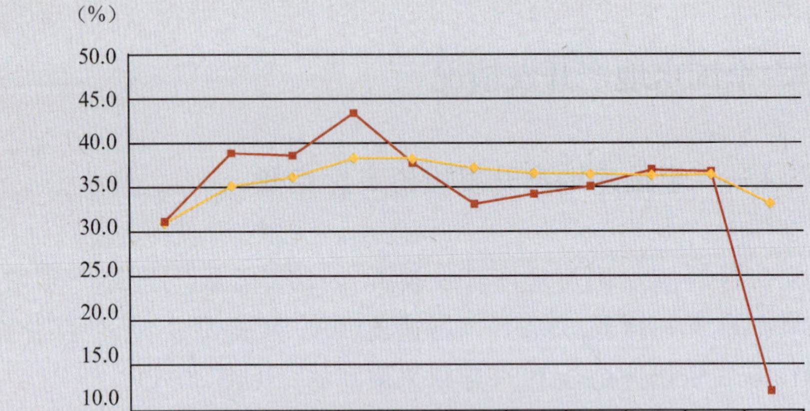

	1—2 月	3 月	4 月	5 月	6 月	7 月	8 月	9 月	10 月	11 月	12 月
累计增长速度	31.1	35.1	36.2	38.2	38.1	37.2	36.7	36.4	36.5	36.5	33.2
当月增长速度	31.1	39.0	38.5	43.5	37.9	33	34.1	35.0	37.0	36.7	12.0

图 2—2　2010 年房地产开发投资增长情况

(二) 西部地区投资增长最快

分区域看，西部地区投资增长最快。2010 年，东部地区房地产开发投资 28 009 亿元，同比增长 32.7%；中部地区投资 10 517 亿元，增长 32.4%；西部地区投资 9 741 亿元，增长 35.3%。西部地区增速比全国平均水平高出 2.1 个百分点，比东、中部地区分别高出 2.6 和 2.9 个百分点。

31 个省、自治区、直辖市中，9 个地区房地产开发投资增速在 40%以上，分别是：海南增长 62.5%、福建增长 60.1%、宁夏增长 56.3%、贵州增长 49.9%、黑龙江增长 49.5%、河北增长 49.0%、青海增长 48.5%、广西增长 48.2%、新疆增长 46.2%（见图 2—3）。

从投资规模占全国比重看，东、中部地区投资规模占比下降，西部地区占比提高。2010 年，东部地区占全国的比重为 58.0%，比

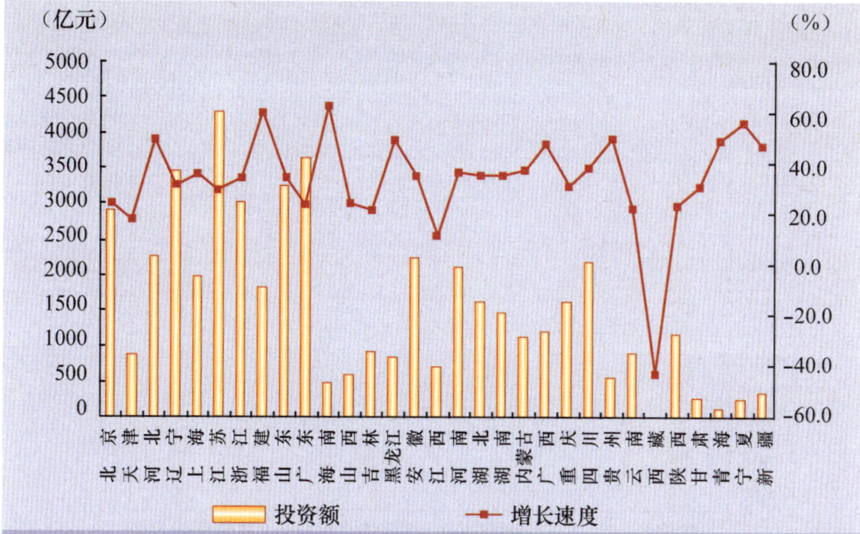

图 2—3　2010 年各地区房地产开发投资及增长速度

2009 年下降 0.2 个百分点，连续两年下降；中部地区占全国的比重为 21.8%，比 2009 年下降 0.1 个百分点；西部地区占全国的比重为 20.2%，比 2009 年提高 0.3 个百分点。

（三）各物业类型房屋投资均高速增长

2010 年，商品住宅投资 34 038 亿元，增长 32.9%。非住宅类商品房投资 14 229 亿元，增长 33.9%。其中，办公楼投资 1 807 亿元，增长 31.2%；商业营业用房投资 5 599 亿元，增长 33.9%；其他商品房投资 6 824 亿元，增长 34.6%（见图 2—4）。

在住宅投资中，小户型（90 平方米及以下）住宅投资 10 665 亿元，增长 27.4%；中等户型（90～140 平方米）住宅投资 16 675 亿元，增长 38.1%；大户型（140 平方米以上）住宅投资 6 698 亿元，增长 29.6%。2010 年，别墅和高档公寓投资增速最高，全年完成投资 2 827 亿元，增长 36.4%（见图 2—5）。

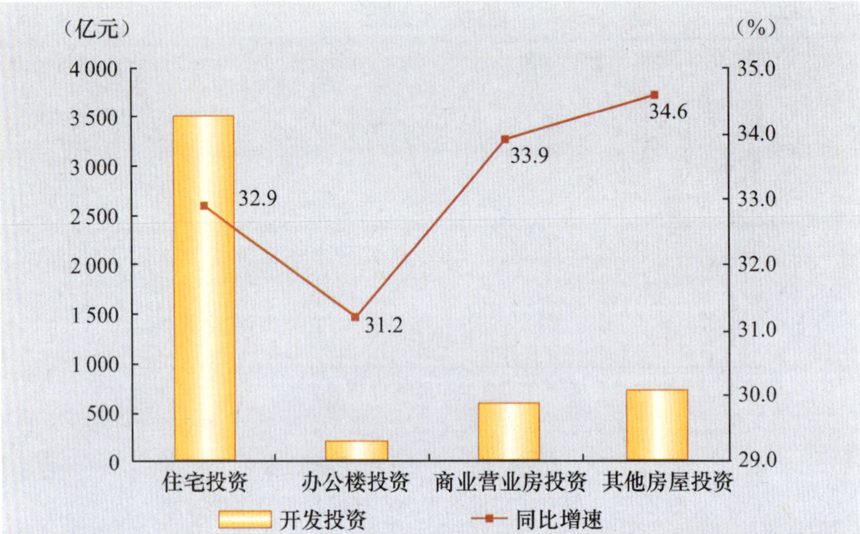

图 2—4　2010 年不同用途房屋开发投资

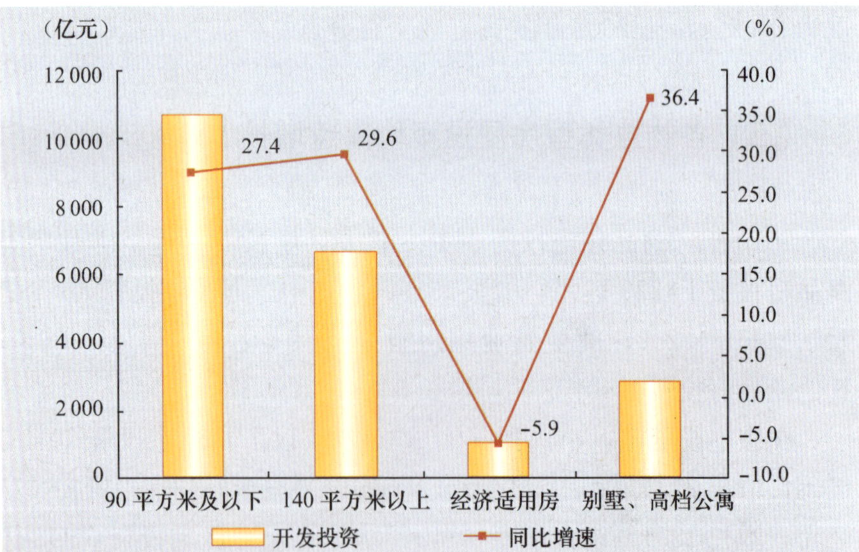

图 2—5　2010 年各类住宅开发投资

（四）房屋新开工面积高速增长

2010 年，全国房地产开发企业房屋新开工面积 16.4 亿平方米，比 2009 年增加 4.7 亿平方米，增长 40.7%，增幅比 2009 年提高 27.2 个百分点。其中，商品住宅新开工面积 12.9 亿平方米，增长 38.8%；办公楼新开工面积 0.37 亿平方米，增长 28.6%；商业营业用房新开工面积 1.75 亿平方米，增长 40.6%。

分月看，前 5 个月累计新开工面积增速逐月提高，1—5 月达到最高点 72.4%；之后连续 7 个月呈现逐月回落态势，全年回落至最低点，增长 40.7%（见图 2—6）。总的来说，全年房屋新开工面积高速增长，各月新开工面积（除 1、2 月外）均在 1.3 亿平方米左右，其中住宅面积（除 1、2 月外）也在 1 亿平方米左右，预示商品房潜在供应量增加。

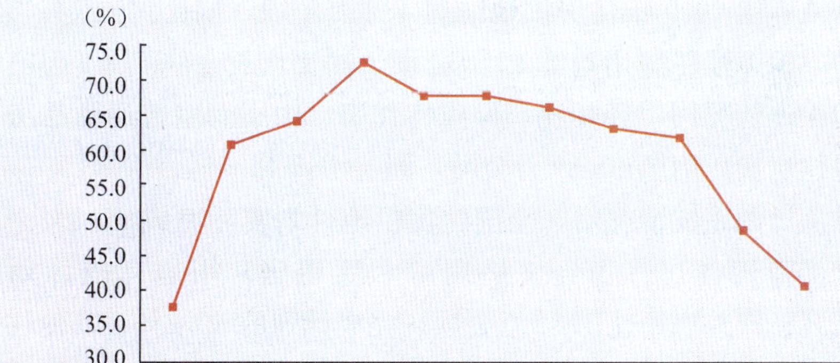

	1—2月	1—3月	1—4月	1—5月	1—6月	1—7月	1—8月	1—9月	1—10月	1—11月	1—12月
累计增长速度	37.5	60.8	64.1	72.4	67.9	67.7	66.1	63.1	61.9	48.7	40.7

图 2—6　2010 年房地产开发企业各月累计新开工面积同比增长速度

在新开工面积不断增加的带动下，2010 年全国商品房施工面积 40.6 亿平方米，比 2009 年增加 8.5 亿平方米，增长 26.6%。其中，商品住宅施工面积 31.5 亿平方米，比 2009 年增加 6.4 亿平方米，增长25.3%。

2010年，商品房竣工面积7.6亿平方米，比2009年增加0.33亿平方米，增长4.5%。其中，商品住宅竣工面积6.1亿平方米，增长2.7%；办公楼竣工面积0.17亿平方米，增长5.8%；商业营业用房竣工面积0.79亿平方米，增长16.2%。

二、房地产市场土地供应、购置及开发情况

（一）全国住房用地供应大幅增长

1. 2010年住房用地供应大幅增长，供地计划总体执行情况较好

据国土资源部资料，全国30个省、自治区、直辖市（不含西藏和新疆建设兵团）住房供地计划18.47万公顷，实际完成12.54万公顷，比2009年住房供地增加4.9万公顷，同比增长64.1%。其中，保障性住房用地2.47万公顷，同比增长124.5%。与前几年的供地情况同口径相比，保障性住房、中小套型普通商品房和其他住房实际用地10.89万公顷，同比增长42.5%。

从计划完成情况看，全国住房供地计划实际完成67.9%。其中，保障性住房（指经济适用房和廉租房）用地完成计划的65.2%；棚改房用地1.47万公顷，完成计划的40.2%；其他住房用地2.96万公顷，完成计划的68.5%。

2. 主要热点城市住房用地供应计划落实情况普遍较好

上海、宁波、北京住房用地供应计划完成比例分别为105.6%，103.4%，101.0%，超计划完成；南京、杭州、厦门完成比例分别为94.5%，87.2%，85.2%。深圳和广州保障房用地完成比例分别为228.0%和163.8%，完成情况较好。北京、上海、

杭州、宁波、南京、青岛、厦门、广州和深圳九城市的保障性住房、棚户区改造住房和中小套型商品房实际用地占全年住房实际用地的比重均达到或超过70%。

(二) 土地购置面积快速增长

2010年，全国土地交易逐渐活跃，各地频报“地王”。房地产开发企业土地购置面积打破了2008年9月以来连续16个月的下降态势，从年初开始出现增长。全国土地累计购置面积增长速度，除1—2月增长11.2%、1—4月增长26.4%、1—12月增长28.4%外，其余各月累计增速均在30%以上，1—8月达到全年最高点37.9%。全年累计购置土地40 970万平方米，同比增长28.4%。

分季度看，企业土地购置面积增长速度上半年逐步提高，下半年回落。四个季度累计增速分别为30.0%，35.6%，35.6%和28.4%。

(三) 土地成交价款大幅增长

2010年，随着土地交易价格不断上涨，土地成交价款大幅增长。全年累计成交8 123亿元，比2009年增加2 973亿元，增长57.7%。

(四) 待开发土地面积不断减少

2010年，企业待开发土地面积31 032万平方米，比2009年减少1 785万平方米，下降5.4%。

2010年企业待开发土地面积延续了2007年以来的持续减少态

势。与前几年相比，2010年企业待开发土地面积比2006年减少6 492万平方米，比2007年减少10 452万平方米，比2008年减少17 129万平方米。

三、房地产市场销售情况

（一）新建商品房销售上半年高位回落，下半年平稳运行

2010年，在一系列房地产市场调控政策作用下，全国商品房销售增速呈现前高后低态势。全年商品房销售面积10.43亿平方米，同比增长10.1%，增幅比2009年回落33.5个百分点；商品房销售额5.25万亿元，同比增长18.3%，增幅比2009年回落58.6个百分点。

分季度看，上半年全国商品房销售面积增长速度高位回落，下半年平稳运行。一季度、上半年、前三季度、全年增长速度分别为35.8%，15.4%，8.2%和10.1%。

分月看，全国商品房累计销售面积增速年初最高，1—2月为38.2%，随后逐月回落，1—3月和1—4月月均回落3个百分点左右，5月份开始，回落幅度加大为每月5～10个百分点，1—8月累计增速回落至全年最低点6.7%。9月之后，受商品房刚性需求、通胀预期和流动性充裕等诸多因素的影响，商品房累计销售面积增长速度小幅回升，后4个月累计增长速度分别为8.2%，9.1%，9.8%和10.1%（见图2—7）。

1. 东部地区销售增长最慢，中部地区销售增长最快

2010年，东部地区商品房销售面积5.08亿平方米，同比增长4.1%，增速比2009年回落45.2个百分点；销售额33 203亿元，增长10.1%，比2009年回落75.2个百分点。中部地区商品房销

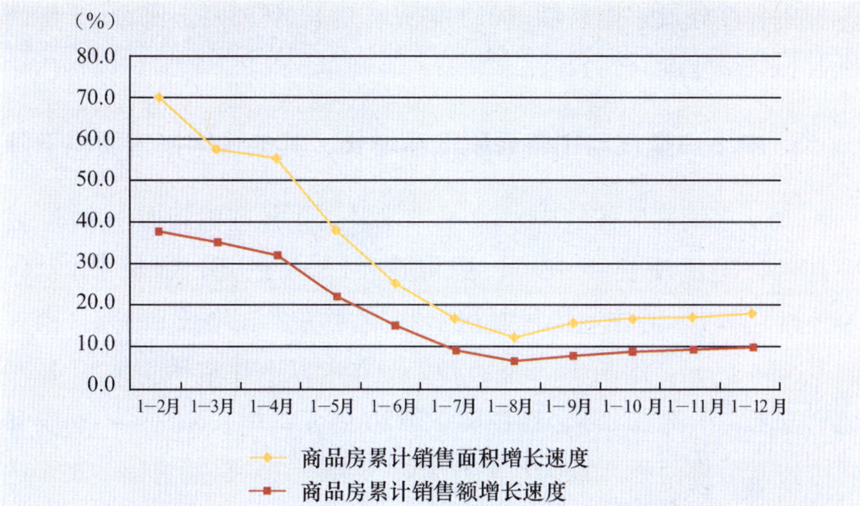

图2—7 2010年商品房累计销售面积和销售额增长情况

售面积2.62亿平方米，增长19.9%，比2009年回落13.7个百分点；销售额9 139亿元，增长39.7%，比2009年回落16.6个百分点。西部地区商品房销售面积2.73亿平方米，增长13.5%，比2009年回落28.8个百分点；销售额10 137亿元，增长32.2%，比2009年回落33.8个百分点。

四个一线城市中，北京商品房销售1 640万平方米，同比下降30.6%；上海销售2 056万平方米，下降39.0%；深圳销售466万平方米，下降38.9%；广州销售1 405万平方米，增长2.2%。

2. 住宅销售增速较低，办公楼和商业营业用房销售增速较高

2010年，全国住宅销售面积93 052万平方米，同比增长8.0%，增速比2009年回落37.4个百分点；销售额43 953亿元，增长14.4%，比2009年回落66.9个百分点。办公楼销售面积1 882万平方米，增长21.9%，比2009年回落11.6个百分点；销售额2 149亿元，增长31.2%，比2009年回落37.8个百分点。商业营业用房销售面积6 921万平方米，增长29.9%，比2009年提

高3.2个百分点；销售额5 354亿元，增长46.3%，比2009年回落1.6个百分点。

3. 中小户型住宅销售面积低速增长，其他住宅销售面积下降

2010年销售的住宅中，90平方米及以下住宅销售面积2.80亿平方米，同比增长11.5%，销售额12 859亿元，增长21.7%；90～140平方米的住宅销售面积4.71亿平方米，增长9.3%，销售额18 864亿元，增长14.5%；140平方米以上住宅销售面积1.79亿平方米，下降0.2%，销售额12 230亿元，增长7.3%；别墅和高档公寓销售面积4 250万平方米，下降8.1%，销售额4 626亿元，增长3.5%。

4. 期房销售继续好于现房

2010年全国现房销售面积2.6亿平方米，比2009年减少1 390万平方米，下降5.0%；期房销售面积7.8亿平方米，比2009年增加10 984万平方米，增长16.3%。期房销售面积占全部销售面积的比重达74.9%，比2009年提高3.5个百分点。

（二）二手房成交量下降

据住房和城乡建设部40个重点城市房地产市场信息系统数据显示，2010年，二手房成交总面积17 207万平方米，同比减少16.5%。其中，二手住房成交13 859万平方米，162.7万套，同比分别减少21.6%，21.7%。

全年来看，40个重点城市二手住房月成交量增长速度呈现前高后低趋势。1—6月增长速度分别为148.7%，97.8%，50.2%，36.4%，26.0%，10.4%，呈现快速回落态势，7月份开始同比下降0.2%，随后降幅逐月扩大，8—12月五个月二手房累计成交量同比

增速分别为−6.5%，−9.7%，−9.6%，−12.3%和−16.5%。

在重点监测的 40 个城市中，东部 20 个城市二手房成交面积 11 259 万平方米，同比下降 23.2%；中部 8 个城市二手房成交面积 2 500 万平方米，下降 6.9%；西部 12 个城市二手房成交面积 3 448 万平方米，增长 6.2%。

四、房地产信贷与开发资金来源情况

（一）房地产信贷运行与风险

随着 2010 年 4 月中旬一系列针对部分地区房价上涨过快的严厉调控政策的出台，房地产市场交易活跃度明显下降，商业性房地产贷款增速在高位逐月回落。

1. 房地产信贷运行基本情况

截至 2010 年 12 月末，全国金融机构房地产贷款余额为 9.35 万亿元，比年初新增 20 017 亿元，同比增长 27.5%，增速比 2009 年回落 10.6 个百分点，比 2009 年 11 月末降低 2.3 个百分点。分月看，房地产贷款余额增速从 1 月末的 38.1%，分别加快到 2 月末的 44.8%、3 月末的 44.3%和 4 月末的 46.4%，但从 5 月开始随着房地产新政的推行逐月回落，5 月末回落到 45.6%，9 月末回落到 32.9%，12 月进一步回落到 27.5%。分季度看，一季度房地产贷款新增 8 457 亿元，二季度新增 5 316 亿元，三季度新增 3 519 亿元，四季度新增 2 995 亿元，呈逐季少增态势。房地产贷款增速比金融机构人民币各项贷款增速高出 7.6 个百分点，房地产贷款占金融机构人民币各项贷款的比重为 20.5%，同比提高 1.3 个百分点，与 2009 年 11 月末持平。从新增贷款看，全年房地产贷款占比为 27.4%，同比上升 5.5 个百分点。房地产贷款可分为房地产开发贷款、购房贷款和证券化的房地产贷款三部分。

2010年12月末，房地产开发贷款31 162亿元，比年初新增5 916亿元，增长23.4%，增幅比2009年回落7.3个百分点。其中，地产开发贷款8 326亿元，比年初新增1 647亿元，增长24.7%；房产开发贷款22 836亿元，比年初新增4 269亿元，增长23.0%，其中住房开发贷款16 594亿元，比2010年初新增3 647亿元，增长28.2%。房地产开发贷款余额占房地产贷款余额的比重为33.3%，比2009年下降1.1个百分点。

2010年12月末，购房贷款62 340亿元，比年初新增14 279亿元，增长29.7%，增幅同比回落12.6个百分点。其中，个人购房贷款61 530亿元，比年初新增13 962亿元，增长29.4%。在个人购房贷款中，个人住房贷款57 253亿元，比年初新增13 138亿元，增长29.8%；个人商业用房贷款4 277亿元，比年初新增824亿元，增长23.9%。购房贷款余额占房地产贷款余额的比重为66.7%，比2009年上升1.1个百分点。

2010年12月末，证券化的房地产贷款22亿元，比年初减少7亿元，下降24.8%。证券化的房地产贷款余额占房地产贷款余额的比重为0.023%，比2009年降低0.02个百分点。

分地区看，重点5省市（北京、上海、浙江、江苏和广东）房地产贷款增速均继续下滑。12月末江苏、浙江、北京、广东和上海的房地产贷款增速分别为26.4%，20.4%，22.8%，20.2%和18.1%，分别比上月末下滑4.0，3.2，1.9，2.5和1.1个百分点，分别比上年末下滑21.1，17.1，19.8，10.9和10.1个百分点。5省市房地产贷款余额占全国房地产贷款余额的51.6%，比2009年末降低2.6个百分点。1—12月，5省市新增房地产贷款占全国新增房地产贷款的42.3%。

从新增房地产贷款的机构分布看，1—12月54.4%的新增房地产贷款来自四大国有商业银行。1—12月新增各项贷款中，房地产贷款新增占比最高的三家银行是邮政储蓄银行（66%）、光大银行（41%）和中信银行（39.7%）。

2. 对目前房地产信贷风险的基本判断

从房地产信贷规模来看，目前我国房地产信贷的风险仍处可控范围内。首先，房地产贷款在银行业贷款总额中占比并不很高。到2010年年底，我国个人购房贷款余额占整个国内银行体系贷款总额的13.5%，占当年GDP的比例为15.5%；美国2007年6月份按揭贷款余额占全部贷款的34%，占GDP的71.6%。我国房地产开发贷款余额占整个国内银行体系贷款总额的6.8%；美国2007年6月份房地产开发贷款占全部贷款余额的23%。全国商业性房地产贷款余额占全部金融机构人民币各项贷款余额的20.4%；美国在次贷危机爆发前的这一比例为53%。其次，目前我国房地产贷款的不良率仍处较低水平。根据银监会统计，2008年一季度末、二季度末、三季度末和四季度末分别为5.12%，4.84%，4.81%和3.78%，2009年一季度末、二季度末、三季度末和四季度末房地产业不良贷款率分别为3.26%，2.71%，2.39%和2.14%，2010年一季度末为1.75%，二季度末为1.49%，三季度末为1.42%。房地产贷款不良率逐季走低，表明目前我国房地产信贷风险较小。2010年9月末，全国房地产不良贷款余额529亿元，比年初下降79.48亿元。其中，三省两市不良贷款余额259亿元，比上月减少7.5亿元，不良率为0.62%，比上月减少0.05个百分点。

从客户角度看，我国居民家庭的负债率并不高，居民偿债能力很强。国际经验表明，在房价下跌过程中，按揭贷款的违约率会有所上升。在所有市场，按揭违约率上升在房价下跌及经济下滑过程中都难以避免。但比较而言，由于我国居民家庭负债率并不高，这种风险相对可控。首先，由于我国居民长期的储蓄偏好，导致我国居民家庭的负债率很低。从按揭贷款占居民储蓄的比率来看，到2010年年末，该比例为13.9%，远低于韩国、新加坡等国家。其次，中国居民除了住房按揭贷款之外，其他类型消费贷款的占比相当小。到2010年年末，我国其他类型消费贷款占居民消费性贷款和居民全部贷款的比例分别为12.7%和8.5%，其占当年GDP的比重也仅有2.4%。而在美国，到2007年6月底，除按揭贷款之外的其他类型消费贷款余额占到美国GDP的23%。相比之下，即使发生美国那样的房价下跌风险，我国居民储蓄规模也足以偿还按揭及消费类贷款可能出现的损失，银行不会出现流动性问题。

从开发贷款角度来看，目前开发贷款违约风险仍处于可控范围。从资金来源看，房地产开发投资资金来源增速从2008年10月开始出现大幅下滑，并在2009年1—2月达到局部低点4.4%，随后从3月开始逐月回升，到2010年1—6月进一步回升到53.8%，从1—7月开始又逐月回落，1—12月同比增长31.9%。尽管定金和预收款在开发资金中的比例从2004年后逐年下降，但2010年该比重依然达到26.2%，高于同期银行贷款15.7%的比例。此外，个人按揭贷款增长也在2009年1—3月开始由负转正，并呈增速逐月加快趋势，其在开发资金中的比重也从2008年的9.4%，回升到2009年的14.8%，到2010年1—6月进一步回升到13.5%，从7月开始该比重又有所回落，1—12月该比重为12.7%，同比回落2.1个百分点。近期国家又出台了迄今为止最为严厉的房地产调控措施，特别是贷款基准利率的两次上调对个人按揭贷款影响较大，预计个人按揭贷款以及定金和预收款的增长可能会进一步放缓，从而开发商资金状况未来可能有所恶化，但在短期内其贷款违约风险仍处于可控范围内。

（二）房地产开发企业资金来源情况

2010年，全年房地产开发到位资金72 494亿元，同比增长25.4%，增速比2009年回落20.5个百分点。

1. 本年到位资金增速自高位逐月回落

2010年1—2月，房地产开发企业本年到位资金同比增速达69.5%，比同期投资增速高38.4个百分点，之后逐月回落，全年到位资金增速比开发投资增速低7.8个百分点（见图2—8）。

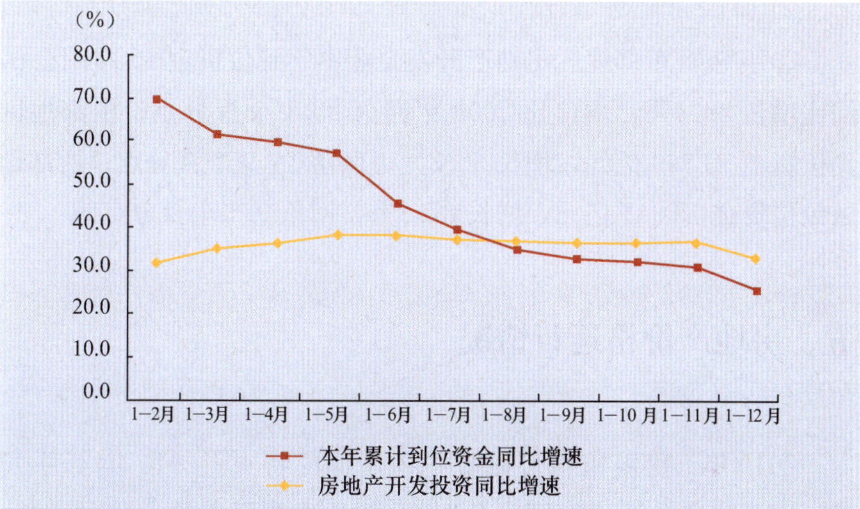

图2—8　2010年房地产开发投资和本年到位资金累计同比增长速度

2. 利用外资增速大幅提高，自筹资金增速平稳，其他各项资金来源增速均回落

2010年，房地产开发企业利用外资796亿元，同比增长66.0%，而2009年为下降34.2%。全年外资利用量占全部到位资金的比重为1.1%，比2009年提高0.3个百分点。

2010年自筹资金各月增长速度均保持在50%左右，月度波动不超过5个百分点。全年自筹资金26 705亿元，同比增长48.8%，占全部到位资金的比重为36.8%，比2009年提高5.7个百分点。

国内贷款12 540亿元，同比增长10.3%，增速比2009年回落39.1个百分点，占全部到位资金的比重为17.3%，比2009年下降2.4个百分点；定金及预收款19 020亿元，增长17.3%，比2009

年回落48.9个百分点，占全部到位资金的26.2%，比2009年下降1.9个百分点；个人按揭贷款9 211亿元，增长7.6%，比2009年回落112.7个百分点，占全部到位资金的12.7%，比2009年下降2.1个百分点。

3. 东、中、西部地区到位资金增速均回落

2010年，东部地区房地产开发企业本年到位资金45 186亿元，同比增长20.9%，增速比2009年回落25.1个百分点；中部地区到位资金13 360亿元，增长30.3%，回落14.9个百分点；西部地区到位资金13 948亿元，增长37.3%，回落9.1个百分点。

五、房地产价格运行情况

2010年，房屋销售价格呈先扬后抑的特点。2010年4月17日，国务院出台的“新国十条”，有效地遏制了房价上涨的态势，后半年房屋销售价格逐渐回落。

2010年一季度，受海南国际旅游岛等概念和方案的出台、投机性购房延续等因素的影响，房价呈继续上涨态势，同比来看，全国70个大中城市房屋销售价格前三个月同比分别上涨9.5%，10.7%，11.7%。4月份达到12.8%后，5月份同比开始回落。新建住宅、二手住宅走势与总指数走势大体相同。这表明房地产市场的调控已经取得了一定的成效（见图2—9）。

从环比来看，数据变动趋势与同比数据变动趋势具有大致相同的特征。前四个月，各月环比涨幅相对较高，月环比平均涨幅为1.18%。受房地产政策调控的影响，5月份环比涨幅开始回落，6月份更是达到了全年最低值，由于民众对是否购房仍处于观望阶段，7、8两个月销售价格没有明显增长，进入9月份，在“金九

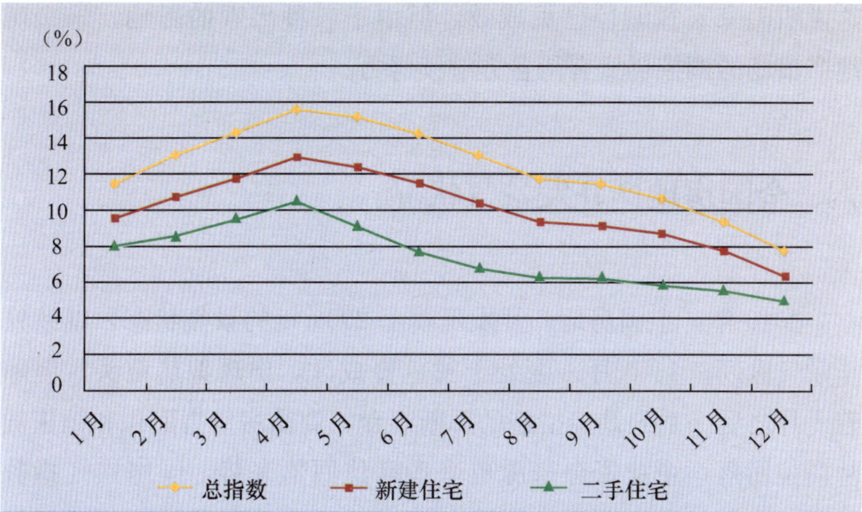

图 2—9　2010 年全年房屋价格走势图（同比）

银十”和刚性需求等各方面的影响下，房屋销售价格略为上扬（见图 2—10）。

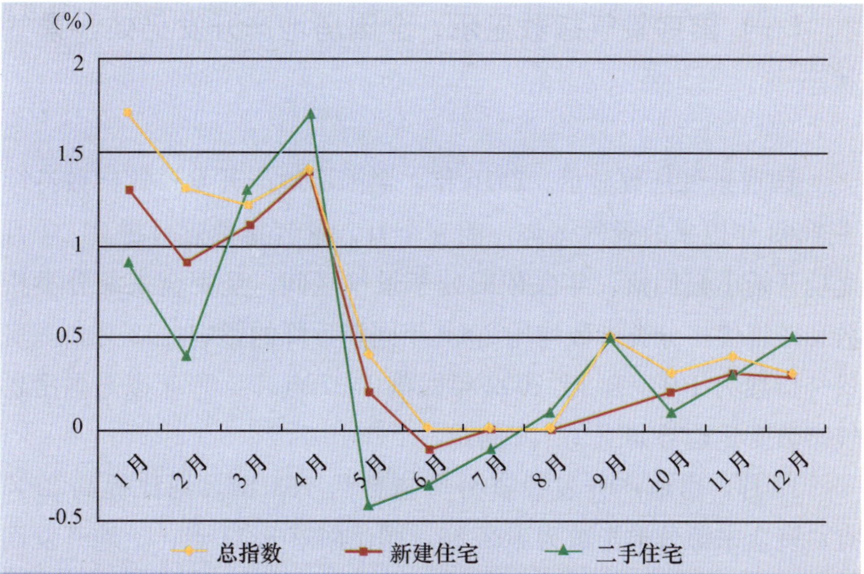

图 2—10　2010 年全年房屋价格走势图（环比）

总体来说，2010 年房地产市场受政策影响，变化趋势显著，这说明国家宏观调控已见成效，但由于各种因素的影响，未来房地产市场的调控仍然有待各方继续努力。

六、全国房地产开发景气状况

2010年，全国房地产开发延续了2009年的景气状态，继续处于景气区间。4、5月一度处于黄色警戒区，出现偏热苗头。但随着4月之后一系列调控措施的不断出台，商品房销售面积和销售额从高位回落，企业资金来源也呈现高位回落态势，国房景气指数和国房预警指数不断随之下降，但全国房地产开发景气状况仍处于景气区间，在绿灯区，这表明全国房地产开发景气状况仍然较好。

（一）国房景气指数显示，全国房地产开发仍处于景气状态

国房景气指数显示，2010年，全国房地产开发景气指数持续了2009年以来的景气态势。前三个月，景气指数逐月提高，4月之后开始小幅回落，年底依旧处于景气区间。受资金来源分类指数和销售价格分类指数均比2009年同期下降的影响，12月，国房景气指数为101.79，比2009年回落1.87点。2009年以来国房景气指数变化趋势如图2—11所示。

12月，房地产开发投资分类指数为103.87，同比提高3.45点；资金来源分类指数为102.66，同比回落8.11点；土地开发面积分类指数为96.03，同比提高0.34点，土地开发面积分类指数自2008年以来一直处于景气线以下；房屋施工面积分类指数为104.81，同比提高2.30点；商品房销售价格指数为104.54点，同

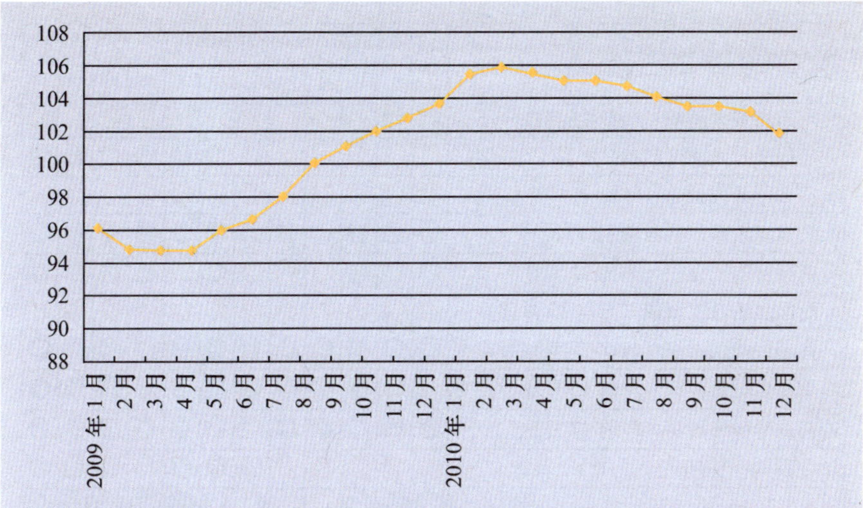

图 2—11　2009—2010 年全国房地产开发景气指数趋势图

比回落 10.66 点，是所有分类指数回落幅度最大的；商品房待售面积分类指数为 103.66，同比提高 6.79 点。

(二) 国房预警指数信号图显示，全国房地产开发景气状况处于绿灯区

如图 2—12 所示，2010 年全国房地产开发景气状况除 4、5 月外均处于绿灯区。4 月和 5 月，国房预警指数连续 2 个月达到 120 点以上。但值得注意的是，12 月份国房预警指数信号虽然依旧处于绿灯区，但预警指数已经回落至 97。

从国房预警指数的变化趋势来看，房地产开发投资分类指数从 3 月开始在黄灯区运行，显示投资处于偏热状态，实际上，房地产开发投资增长速度已经是 1994 年以来的历史最高点；资金来源的国内贷款预警信号连续 5 个月处于黄灯区之后，在银行信贷针对房地产市场不断收紧的政策作用下，从 6 月起终于进入了绿灯区，政策效果显现；房地产开发企业自筹资金处于偏热状态，显示企业资金依然充裕；土地开发面积预警信号在连续 28 个月处于蓝色

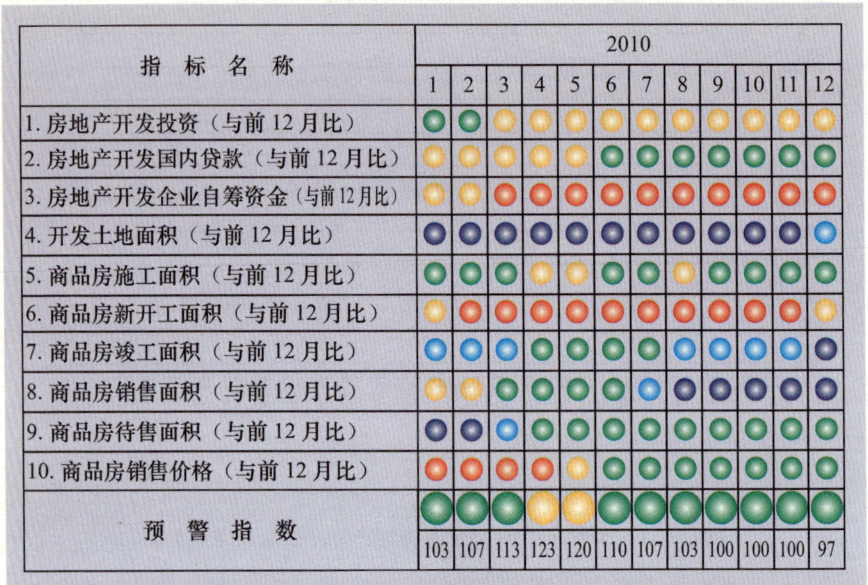

图 2—12　预警指标信号图

信号灯区之后，于 12 月转入浅蓝灯区，但依旧属于偏冷的指标；商品房施工面积、待售面积等分类指数都先后进入了景气区间；商品房销售价格分类指数经历了由过热到偏热再到景气的过程，表明 2010 年房地产市场调控的成效；但商品房销售面积经历了由偏热到景气再趋冷的状态，显示 2010 年市场变化的复杂性。

第三部分

2010年房地产市场调控政策回顾及2011年展望

一、2010 年房地产市场调控政策回顾

国务院文件是 2010 年房地产市场调控的纲领。针对 2009 年年底房地产市场“恐慌性抢购”的局面，2010 年 1 月《国务院办公厅关于促进房地产市场平稳健康发展的通知》（国办发［2010］4 号）发布后，市场仅观望一两个月，又现价格飞涨局面，以致房价相关提案和建议成为 2010 年“两会”最大热点之一。4 月《国务院关于坚决遏制部分城市房价过快上涨的通知》（国发［2010］10 号）又以更加严厉的姿态出台。应该说，国办发［2010］4 号文和国发［2010］10 号文是 2010 年房地产市场调控的纲领。有关地区和部门从金融、税收、市场监管和保障性住房等方面相继出台的一系列配套政策都以此为纲，并对此进行细化和落实。2010 年房地产市场总体特征是：市场发展高位回落趋于理性，调控政策供求齐管力度空前。

（一）货币政策

一年六次提高存款准备金率、两次加息。2010 年 12 月 20 日，中国人民银行上调存款类金融机构人民币存款准备金率 0.5 个百分点，这是年内央行第六次提高存款准备金率。上调后存款准备金率突破了历史纪录，达到 18.5%。仅两个月前的 10 月 20 日，央行还启动了加息政策，上调金融机构人民币存贷款基准利率 25 个基点，为 34 个月来的首度加息；12 月 26 日，再度上调金融机构人民币存贷款基准利率 25 个基点（见表 3—1）。

表3—1　　2010年存款准备金率调整情况一览

调整日期	大型金融机构			中小金融机构		
	调整前	调整后	调整幅度	调整前	调整后	调整幅度
2010年12月20日	18.00	18.50	0.50	14.50	15.00	0.50
2010年11月29日	17.50	18.00	0.50	14.00	14.50	0.50
2010年11月16日	17.00	17.50	0.50	13.50	14.00	0.50
2010年5月10日	16.50	17.00	0.50	13.50	13.50	0.00
2010年2月25日	16.00	16.50	0.50	13.50	13.50	0.00
2010年1月18日	15.50	16.00	0.50	13.50	13.50	0.00

购房贷款利率优惠政策逐步收紧。2009年，几乎所有的商业银行都执行购房贷款7折优惠利率政策。2010年年初，各主要商业银行相继取消首套购房贷款7折优惠利率并提高贷款买房首付比例。9月，中国人民银行和银监会《关于完善差别化住房信贷政策有关问题的通知》（银发［2010］275号）进一步要求商业银行：暂停发放居民家庭购买第三套及以上住房贷款；对不能提供一年以上当地纳税证明或社会保险缴纳证明的非本地居民暂停发放购房贷款。贷款购买首套商品住房首付款比例调整到30%及以上；二套住房的首付款比例不低于50%、贷款利率不低于基准利率1.1倍。禁止消费性贷款用于购买住房。支持房地产开发企业承担中低价位、中小套型商品住房项目和保障性安居工程贷款。2010年年底，住房公积金贷款的审批门槛和首付比例要求进一步提高。11月，《关于规范住房公积金个人住房贷款政策有关问题的通知》（建金［2010］179号）规定，公积金住房贷款购买首套普通自住房，套型建筑面积在90平方米（含）以下的，首付款比例不得低于20%；90平方米以上的首付款比例不得低于30%。第二套住房公积金个人住房贷款首付款比例不得低于50%，贷款利率不得低于同期首套住房公积金个人住房贷款利率的1.1倍。停止第三套及以上住房公积金贷款。全年差别化信贷政策对抑制投资和投机性购房、稳定市场预期发挥了十分重要的作用。

（二）财税政策

减少商品住房税收优惠，抑制投资性购房需求。2010 年 3 月，《关于首次购买普通住房有关契税政策的通知》（财税〔2010〕13 号）规定，对两个或两个以上个人共同购买 90 平方米及以下普通住房，其中一人或多人已有购房记录的，该套房产的共同购买人均不适用首次购买普通住房的契税优惠政策。

9 月，《关于调整房地产交易环节契税个人所得税优惠政策的通知》（财税〔2010〕94 号）规定，关于契税，个人购买家庭唯一普通住房的，减半征收契税，个人购买 90 平方米及以下家庭唯一普通住房的，减按 1%的税率征收契税。此外不得享受上述优惠政策。关于个人所得税，对出售自有住房并在 1 年内重新购房的纳税人不再减免个人所得税。

2011 年 1 月，《关于调整个人住房转让营业税政策的通知》（财税〔2011〕12 号）规定，个人将购买不足 5 年的住房对外销售的，全额征收营业税；将购买超过 5 年（含 5 年）的非普通住房对外销售的，按照其销售收入减去购买房屋的价款后的差额征收营业税；个人将购买超过 5 年（含 5 年）的普通住房对外销售的，免征营业税。

进一步实施优惠税收政策支持保障性安居工程。2010 年 2 月，《关于切实落实相关财政政策积极推进城市和国有工矿棚户区改造工作的通知》（财综〔2010〕8 号）规定，对棚户区改造免收各项行政事业性收费和政府性基金；免收土地出让收入；棚户区改造安置住房中涉及的经济适用住房和廉租住房建设项目可以划拨方式供地；落实相关税收优惠政策；棚户区改造安置住房建设和通过收购筹集安置房源的，执行经济适用住房的税收优惠政策。

5月，《关于城市和国有工矿棚户区改造项目有关税收优惠政策的通知》（财税［2010］42号）规定，对改造安置住房建设用地免征城镇土地使用税；企事业单位、社会团体以及其他组织转让旧房作为改造安置住房房源且增值额未超过扣除项目金额20%的，免征土地增值税；对经营管理单位回购已分配的改造安置住房继续作为改造安置房源的，免征契税；个人首次购买90平方米以下改造安置住房的，可按1%的税率计征契税；购买超过90平方米，但符合普通住房标准的改造安置住房的，按法定税率减半计征契税；个人取得的拆迁补偿款及因拆迁重新购置安置住房的，可按有关规定享受个人所得税和契税减免。

9月，《关于支持公共租赁住房建设和运营有关税收优惠政策的通知》（财税［2010］88号）规定，对公租房建设期间用地及公租房建成后占地免征城镇土地使用税；对公租房经营管理单位建造公租房涉及的印花税予以免征；对公租房经营管理单位购买住房作为公租房，免征契税、印花税；对公租房租赁双方签订租赁协议涉及的印花税予以免征；对企事业单位、社会团体以及其他组织转让旧房作为公租房房源，且增值额未超过扣除项目金额20%的，免征土地增值税；企事业单位、社会团体以及其他组织捐赠住房作为公租房，符合税收法律法规规定的，捐赠支出在年度利润总额12%以内的部分，准予在计算应纳税所得额时扣除；对经营公租房所取得的租金收入，免征营业税、房产税。

（三）土地政策

确保保障性住房用地并加快审批速度，增加住房市场有效供给。2010年3月，《国土资源部关于加强房地产用地供应和监管有关问题的通知》（国土资发［2010］34号）规定，确保保障性住房、棚户区改造和自住性中小套型商品住房（即“三类住房”）建房用地不低于住房建设用地供应总量的 70%。要严格控制大套型住房建设用地，严禁向别墅供地。

9 月，《关于进一步加强房地产用地和建设管理调控的通知》（国土资发〔2010〕151 号）规定，探索以划拨和出让方式加大公共租赁住房供地建房、逐步与廉租住房并轨、简化并实施租赁住房分类保障的途径。在盘活利用存量土地的同时，对依法收回的闲置土地和具备“净地”供应的储备土地以及农转用计划指标，应优先确保保障性住房等住房用地的供应。主管部门要共同建立保障性住房、棚户区改造住房、公共租赁住房、中小套型普通商品住房建设项目行政审批快速通道，规划主管部门要在受理后 10 天内核发建设用地规划许可证，国土资源主管部门要在受理后 10 天内核发国有土地使用证，规划主管部门要在受理后 60 天内核发建设工程规划许可证，建设主管部门应当要求限时进行施工图审查和核发施工许可证，房地产主管部门要严格按规定及时核发商品房预售许可证。

严查土地违法违规，防止囤地炒地，规范市场秩序。3 月的国土资发〔2010〕34 号文规定，严格规范商品房用地出让行为；严格土地出让条件；确定为中低价位普通商品房用地的，要明确住房销售价位、套数、套型面积等控制性要求，并写入出让合同，约定违约处罚条款；严格规范土地出让底价；严格土地竞买人资格审查；严格土地出让合同管理，土地出让成交后，必须在 10 个工作日内签订出让合同，合同签订后 1 个月内必须缴纳出让价款 50%的首付款，余款要按合同约定及时缴纳，最迟付款时间不得超过一年；受让人逾期不签订合同的，终止供地、不得退还定金；已签合同不缴纳出让价款的，必须收回土地。

9 月的国土资发〔2010〕151 号文规定，各类住房建设项目应当在划拨决定书和出让合同中约定土地交付之日起一年内开工建设，自开工之日起三年内竣工。加大违法违规行为清理查处力度，具体包括：严格查处囤地炒地闲置土地行为①；严格查处擅自调整容积率行为；严格查处商品住房建设和销售的违法违规行为；加大违法违规房地产用地信息公开。

（四）其他政策

首先，加快保障性住房建设，加强住房市场监管。2010年4月，《关于做好城市和国有工矿棚户区改造规划编制工作的通知》（建保［2010］58号）对棚户区改造的范围规模标准、规划期限、总体目标、年度任务、政策措施及规划编制要求做出明确规定。4月《关于加强经济适用住房管理有关问题的通知》（建保［2010］59号）和《关于加强廉租住房管理有关问题的通知》（建保［2010］62号）进一步完善了经济适用住房和廉租住房管理规定。首次制定《关于加快发展公共租赁住房的指导意见》（建保［2010］87号），对公共租赁住房的管理、房源筹集、政策支持做出了比较系统的规定，使公共租赁住房有规可依。全国各类保障性住房和棚户区改造住房开工590万套，基本建成370万套，保障性安居工程建设规模创历史之最。

其次，房地产市场销售环节的管理更加规范。2010年4月，《关于进一步加强房地产市场监管完善商品住房预售制度有关问题的通知》（建房［2010］53号）规定，取得预售许可的商品住房项目，房地产开发企业要在10日内一次性公开全部准售房源及每套房屋价格，并严格按照申报价格，明码标价对外销售。2011年1月，首次制定的《房地产经纪管理办法》规范了房屋中介行为。

再次，重点城市相继出台配套政策。其中最为突出的就是北京、上海、广州、深圳、三亚、天津、杭州、大连、厦门、南京、

① 因企业原因，闲置一年以上不满两年的，必须征收闲置费，闲置两年以上的，必须坚决收回。2010年，有50宗左右的闲置土地被曝光。

温州、宁波、海口、福州 14 个城市先后出台限购令，以行政手段落实中央调控政策。如《北京市人民政府贯彻落实国务院关于坚决遏制部分城市房价过快上涨文件的通知》（京政发［2010］13 号）规定，暂定同一购房家庭只能在本市新购买一套商品住房。2011 年限购范围有进一步向二、三线城市扩大的趋势。

二、2010 年房地产市场调控政策特点分析

一是在结构调整中同时管理好供给和需求。从 2010 年年初的国办发［2010］4 号文和国发［2010］10 号文开始，到各地区各部门的调控政策，都强调增加普通商品住房有效供给和加快推进保障性安居工程建设，同时强调抑制投资投机性购房需求，而且两者并重，比以往只重视调节一个方面更加科学有效。更为关键的是调控政策更加注重调节结构：需求方面，既坚决遏制投资投机性购房需求，又保护合理的基本居住需求，如差别信贷政策紧缩的就是二套及以上住房；供给方面，既坚决控制高档住房的建设，又大力推进保障性安居工程等中低收入家庭急需的住房建设，如土地政策在保障“三类住房”供地 70%的同时，查处违法囤地炒地行为。

二是调控力度空前。正如住房城乡建设部仇保兴所言，十余年来房地产市场调控政策基本都试过了，但这次调控的力度是前所未有的。如全国各类保障性住房和棚户区改造等保障性安居工程建设速度和建设规模创历史之最；国土资源部首次公开曝光违规企业名单；住房城乡建设部开创性地迅速出台《关于加快发展公共租赁住房的指导意见》、《商品房屋租赁管理办法》、《房地产经纪管理办法》等规范性文件，填补了长期以来住房市场规则的空白，保证住房市场各环节有法可依。

三是调控政策兼顾当前和长远。十余年的发展和调控历程证明，中国房地产市场存在的问题十分复杂，有历史原因也有时代特点，非一朝一夕可以彻底改变。因此，这次调控在解决当前突出问题的同时，更加强调了长远的制度建设，力争通过构建根本的制度框架解决房地产市场问题。如既实行差别化信贷政策，又开始着手完善个人住房信息系统，为将来的住房市场发展和管理提供信息基础；既开展住房市场的监督检查，又推进房产税试点改革，将住房问题放在税制改革的大背景下统筹考虑。

四是调控手段丰富多样，开始引入行政手段。社会主义市场经济条件下宏观调控主要运用经济手段、法律手段和必要的行政手段。2010年的房地产市场调控不仅运用了差别信贷政策、财税政策等经济手段，也运用了法律手段，如推出《商品房屋租赁管理办法》、《房地产经纪管理办法》等带有法规性质的部门规章。此外，住房改革十余年来，房地产市场调控还首次引入问责和限购等行政手段。各种手段的综合运用，促进了房地产市场向健康、理性回归。

三、2011年房地产市场调控政策展望

2011年1月26日，国务院常务会议研究部署了房地产市场调控的八项措施（以下简称“国八条”），一是进一步落实地方政府责任。2011年各城市人民政府要合理确定本地区年度新建住房价格控制目标，并于一季度向社会公布。二是加大保障性安居工程建设力度。各地要多渠道筹集保障性住房房源，逐步扩大住房保障制度覆盖面。加强保障性住房管理，健全准入退出机制。有条件的地区，可以把建制镇纳入住房保障工作范围。增加公共租赁住房供应。三是调整完善相关税收政策，加强税收征管。调整个

人转让住房营业税政策，对个人购买住房不足 5 年转手交易的，统一按销售收入全额征税。对定价明显超过周边房价水平的房地产开发项目，进行土地增值税清算和稽查。加大存量房交易税收征管工作的试点和推广力度。严格执行个人转让房地产所得税征收政策。加快建立和完善个人住房信息系统。四是强化差别化住房信贷政策。贷款购买第二套住房首付款比例不低于 60%，贷款利率不低于基准利率的 1.1 倍。五是严格住房用地供应管理。增加土地有效供应，保障性住房、棚户区改造住房和中小套型普通商品住房用地不低于住房建设用地供应总量的 70%。在新增建设用地年度计划中，保障性住房用地应保尽保。商品住房用地供应计划总量原则上不得低于前两年年均实际供应量。推广以“限房价、竞地价”方式供应中低价位普通商品住房用地。参加土地竞买的单位或个人，必须说明资金来源并提供相应证明。对擅自改变保障性住房用地性质的，坚决纠正，严肃查处。超过两年没有取得施工许可证进行开工建设的，及时收回土地使用权，并处以闲置一年以上罚款。查处非法转让土地使用权行为。六是合理引导住房需求。房价过高、上涨过快的城市，在一定时期内，要从严制定和执行住房限购措施。原则上对已有一套住房的当地户籍居民家庭、能够提供当地一定年限纳税证明或社会保险缴纳证明的非当地户籍居民家庭，限购一套住房；对已拥有两套及以上住房的当地户籍居民家庭、拥有一套及以上住房的非当地户籍居民家庭、无法提供一定年限当地纳税证明或社会保险缴纳证明的非当地户籍居民家庭，暂停在本行政区域内向其售房。七是落实住房保障和稳定房价工作的约谈问责机制。未如期确定并公布本地区年度新建住房价格控制目标、新建住房价格上涨幅度超过年度控制目标或没有完成保障性安居工程目标任务的省（区、市）人民政府，要向国务院作出报告，有关部门根据规定对相关负责人进行问责。对于执行差别化住房信贷、税收政策不到位，房地产相关税收征管不力，以及个人住房信息系统建设滞后等问题，也纳入约谈问责范围。八是坚持和强化舆论引导。对各地稳定房价和住房保障工作好的做法和经验，要加大宣传力度，引导居民从国情出发理性消费。

“国八条”的核心是：运用财税、金融、土地等经济手段和问责、限购等行政手段从供给和需求两个方面调控房地产市场，保护基本居住需求，限制不合理需求，增加有效供给，维护房地产市场秩序。2011年“国八条”是2010年调控政策的继续、细化和深化，如果说区别那就是更加强调落实，这无疑将成为2011年房地产市场调控的纲领。“国八条”发布后两天的1月28日，上海和重庆两城市就开始房产税改革试点，落实国务院常务会议精神，足见此轮调控的决心之大、动作之快。

2011年，各项房地产调控政策将围绕“国八条”进一步细化、落实。预计2011年，保障性安居工程建设力度将进一步加大，相关土地、财税和信贷支持政策将进一步完善；抑制投资投机性购房需求的差别化信贷政策将继续，并有视市场情况不断趋紧的可能；违法违规闲置和囤积土地行为将被切实追究责任；稳定房价和落实调控政策不力的地方政府将很可能被问责；限购等必要的行政手段将会适时增加并扩大应用范围；促进房地产市场健康发展的长远规划和政策有望出台；《住房保障法》起草有望取得突破性进展；房产税有望在上海和重庆试点基础上全国推广。总之，2011年房地产市场将在调控中不断趋于理性和健康，房价出现下降的可能性增大。

未来几年，房地产市场调控有常态化的可能。中央关于“十二五”规划的建议对住房市场调控提出明确要求：加强土地、财税、金融政策调节，加快住房信息系统建设，完善符合国情的住房体制机制和政策体系，合理引导住房需求。强化各级政府职责，加大保障性安居工程建设力度，加快棚户区改造，发展公共租赁住房，增加中低收入居民住房供给。加强市场监管，规范房地产市场秩序，抑制投机需求，促进房地产业平稳健康发展。这说明，未来五年甚至更长时间，住房市场调控有常态化的可能，关键取决于市场对调控政策的反应。

第四部分

重点城市
2010 年房地产市场运行报告

一、40 个重点城市[①]房地产市场运行情况

（一）房地产开发情况

1．重点城市房地产开发投资高速增长，增速低于全国

2010 年，重点城市房地产开发完成投资 26 732 亿元，同比增长 30.4％，增速比 2009 年提高 16.0 个百分点，是近几年的最高值，但比全国增速低 2.8 个百分点。全年投资走势先扬后抑，与全国基本一致，但波动幅度大于全国（见图 4—1）。

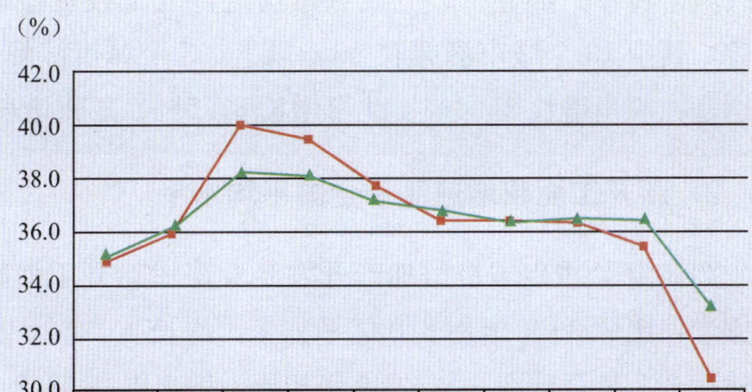

	3 月	4 月	5 月	6 月	7 月	8 月	9 月	10 月	11 月	12 月
40 个重点城市	34.8	35.9	40.0	39.5	37.7	36.4	36.4	36.3	35.4	30.4
全国	35.1	36.2	38.2	38.1	37.2	36.7	36.4	36.5	36.5	33.2

图 4—1　2010 年全国 40 个重点城市房地产累计开发投资增长速度

分季度看，一季度、上半年、前三季度、全年分别增长 34.8％，39.5％，36.4％和 30.4％。

---

① 重点城市包括：一线城市：北京、上海、广州、深圳；二、三线城市：天津、石家庄、太原、呼和浩特、沈阳、大连、长春、哈尔滨、南京、无锡、苏州、杭州、宁波、温州、合肥、福州、厦门、南昌、济南、青岛、郑州、武汉、长沙、南宁、北海、海口、三亚、重庆、成都、贵阳、昆明、西安、兰州、西宁、银川、乌鲁木齐。

一线城市中，除上海外，房地产开发投资增速均低于重点城市平均水平。2010年，上海房地产开发投资完成1 981亿元，同比增长35.5%，增速比2009年提高33.5个百分点。北京房地产开发投资完成2 901亿元，增长24.1%，增速比2009年提高1.6个百分点；广州984亿元，增长20.3%，提高13.3个百分点；深圳458亿元，增长4.8%，2009年则是下降0.7%，三个城市增速均低于重点城市平均水平。

二、三线城市房地产开发投资高于一线城市，比重提高。2010年，二、三线城市房地产开发投资20 409亿元，同比增长32.1%，增速比一线城市高7.0个百分点，占重点城市投资总额的76.3%，比2009年提高1.0个百分点，表明房地产开发投资向二、三线城市转移。部分二、三线城市房地产开发投资呈现高速增长态势，其中13个城市涨幅在40%以上，3个城市涨幅超过50%，分别是：福州增长85.4%、北海增长67.5%、郑州增长51.3%。

2. 新开工面积增速高于全国平均水平

2010年，重点城市房地产开发企业房屋新开工面积达6.5亿平方米，比2009年增加2.0亿平方米，增长43.4%，比全国平均增速高2.7个百分点，与2009年相比，增速提高38.2个百分点。

一线城市中，广州房屋新开工面积增速最高。2010年，广州房屋新开工面积达1 955万平方米，同比增长78.2%，增速最高。另外，北京房屋新开工面积2 974万平方米，同比增长32.4%；上海3 031万平方米，增长22.1%；深圳471万平方米，下降4.4%，增速均低于重点城市平均水平。

二、三线城市房屋新开工面积高速增长。2010年，二、三线城市房屋新开工面积达5.7亿平方米，同比增长45.0%，增速高于一线城市平均水平。其中，新开工面积同比增速高于50%的城市有14个，增速最高的5个城市分别为：厦门增长189.8%，福州增长 162.4%，呼和浩特增长 161.4%，济南增长 92.1%，北海增长 87.7%。

3. 施工面积增速低于全国平均水平

2010 年，重点城市房地产开发企业房屋施工面积为 18.9 亿平方米，比 2009 年增加 3.2 亿平方米，增长 20.4%，比全国平均增速低 6.2 个百分点。

一线城市施工面积增速较低。2010 年，北京施工面积 10 301 万平方米，增长 6.0%；上海 11 295 万平方米，增长 13.5%；广州 6 464 万平方米，增长 16.4%；深圳 2 940 万平方米，下降 5.5%。

二、三线城市施工面积 15.8 亿平方米，同比增长 22.8%，比重点城市平均增速高 2.4 个百分点。与 2009 年相比，增速最高的 5 个城市分别为：北海增长 98.8%，石家庄增长 80.7%，西宁增长 58.4%，哈尔滨增长 51.4%，大连增长 45.0%。

（二）40 个重点城市商品房销售情况

2010 年，重点城市商品房销售增速低于全国平均水平。全年商品房销售面积 4.0 亿平方米，比 2009 年下降 5.2%，而全国增速是 10.1%；商品房销售额 29 645 亿元，增长 4.9%，比全国平均增速低 13.4 个百分点（见图 4—2）。

一线城市中，北京、上海、深圳销售大幅下降，广州略有增长。2010 年，北京商品房销售面积 1 640 万平方米，比上年减少 30.6%，销售额 2 915 亿元，减少 10.6%；上海销售面积 2 056 万平方米，减少 39.0%，销售额 2 960 亿元，减少 31.6%；深圳销售面积 466 万平方米，减少 38.9%，销售额 893 亿元，减少 19.9%；广州销售面积 1 405 万平方米，增长 2.2%，销售额 1 675 亿元，增长 30.2%。

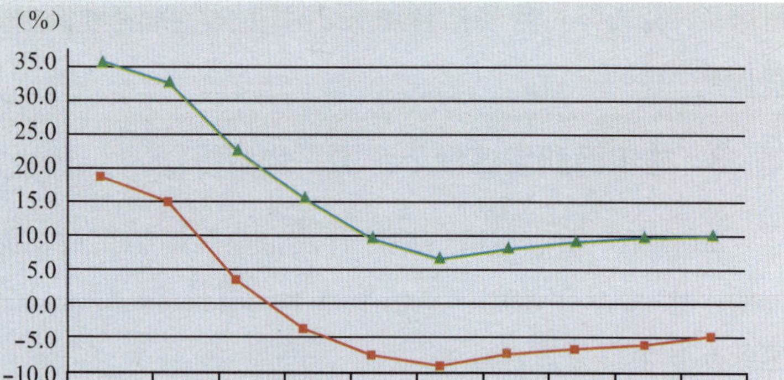

	3 月	4 月	5 月	6 月	7 月	8 月	9 月	10 月	11 月	12 月
40 个重点城市	18.6	14.6	3.2	-4.1	-8.1	-9.7	-7.6	-7.0	-6.3	-5.2
全国	35.8	32.8	22.5	15.4	9.7	6.7	8.2	9.1	9.8	10.1

图 4—2　2010 年全国及 40 个重点城市房地产累计销售面积增长速度

二、三线城市销售形势良好。2010 年，二、三线城市商品房销售面积 3.3 亿平方米，同比增长 19.9%；销售额 21 202 亿元，同比增长 16.1%。部分二、三线城市房地产开发投资呈现高速增长态势，其中 5 个城市增速在 30% 以上，分别是：昆明增长 45.6%、太原增长 40.8%、西宁增长 40.4%、石家庄增长 34.2%、郑州增长 30.2%。

(三) 40 个重点城市房地产开发资金到位情况

重点城市本年到位资金快速增长，但增速低于全国平均水平。2010 年，重点城市到位资金 43 592 亿元，比 2009 年增长 19.0%，增速比 2009 年回落 31.1 个百分点，比全国平均增速低 6.4 个百分点，低于同期投资增速 11.4 个百分点。

分季度看，本年到位资金增速自高位逐季回落。一季度、上半年、前三季度、全年分别增长 57.2%，43.2%，27.7% 和 19.0%。

一线城市中，北京、深圳到位资金增速下降，上海、广州资金来源较为充足。2010 年，北京到位资金 5 791 亿元，比上年下降

5.5%；深圳773亿元，下降12.3%；上海3 230亿元，增长10.4%；广州1 502亿元，增长6.0%。

二、三线城市到位资金增速大幅回落，但仍好于一线城市。2010年，二、三线城市到位资金32 297亿元，同比增长27.8%，增速比2009年回落19.3个百分点；占重点城市全部到位资金的74.1%，比2009年提高5.1个百分点。总体看，二、三线城市资金来源情况好于一线城市。部分二、三线城市到位资金高速增长，资金充裕，增幅超过30%的有22个，超过50%的有8个，分别是：海口增长79.1%；三亚增长65.4%；呼和浩特增长62.4%；银川增长60.9%；太原增长57.6%；福州增长57.6%；重庆增长54.7%；南宁增长52.7%。

(四) 40个重点城市土地购置和开发情况

重点城市土地购置面积、土地成交价款和土地购置费均快速增长。2010年，重点城市购置土地面积14 799万平方米，比2009年增长28.7%，增速比全国平均水平高0.3个百分点。随着土地购置面积快速增长，土地成交价款和土地购置费均呈现高速增长态势。2010年，重点城市土地成交价款5 150亿元，比2009年增加1 888亿元，增长57.9%，增速比全国高0.2个百分点；土地购置费6 509亿元，比2009年增加2 753亿元，增长73.3%，增速比全国高7.4个百分点。

一线城市中，北京、上海土地购置面积大幅增长，广州、深圳下降明显。2010年，北京土地购置面积859万平方米，增长37.4%；上海432万平方米，增长133.9%；广州157万平方米，下降72.8%；深圳14万平方米，下降54.4%。

二、三线城市购置土地面积增速大幅增长。2010年，二、三线城市购置土地面积13 337万平方米，增长32.3%，比重点城市高出 3.6 个百分点。土地购置面积高速增长，显示出未来房地产开发投资的热点向二、三线城市转移的态势。

二、2010 年北京市房地产市场运行情况

2010 年是房地产市场调控之年，政策密集出台，力度超过历年调控，快速增长势头得到有效抑制。

总体来看，2010 年北京市房地产开发投资增长高开低走，第四季度趋稳回升。新开工面积超过 2007 年以来各年水平，呈现出持续快速增长的特点。政策房建设得到有力保障，全年完成年初制定的“各类政策性住房用地占全市住房供地 50%以上，新开工建设和收购政策性住房占全市住房新开工套数的 50%以上”计划。

（一）北京市房地产市场运行特点

1. 房地产开发投资增速平稳回落，项目到位资金收紧

房地产开发投资增速高开低走，第四季度趋稳回升。2010 年年初，受土地购置费大幅增长和上年同期基数较低影响，全市房地产开发投资高位开局。随着同期基数逐渐回升，从 4 月份开始，房地产开发投资增速持续回落。第一季度全市房地产开发投资同比增长 74.5%，上半年回落至 38.8%，前三季度探至谷底 16.4%，第四季度小幅回升。全年完成房地产开发投资额为 2 901.1 亿元，比上年增长 24.1%，增速比前三季度回升 7.7 个百分点。

开发项目到位资金收紧。第一季度，全市房地产开发项目到位资金较为充裕，当年到位资金同比增长 1.1 倍，其中金融贷款增长 88%。下半年起受调控政策影响，到位资金同比出现下降趋势，尤其金融贷款资金降幅达 2001 年以来最大。全年全市房地产开发

项目当年到位资金5 790.1亿元，比上年下降5.5%，其中金融贷款1 439.1亿元，下降39.2%。

2. 开发供给增长加快，新开工面积超过2007年以来各年水平

施工面积由降转增。截至2010年6月末，全市商品房施工面积同比降幅为全年最大4%，之后逐步缩小；截至10月末，全市商品房施工面积改变同比下降趋势，呈现小幅增长；12月末施工面积为10 300.9万平方米，比上年增长6%，其中，住宅施工面积为6 176万平方米，增长11.2%。

新开工面积持续快速增长是2010年房地产市场开发显著特点。第一季度，全市商品房新开工面积同比增长53%，上半年增长33.9%，前三季度增长50.6%，全年增长32.4%，新开工面积达2 974.2万平方米，超过2007年以来各年水平，其中，住宅新开工面积为2 063.4万平方米，增长49.5%。

竣工面积仍然下降。全年全市商品房竣工面积为2 386.7万平方米，比上年下降10.9%；其中，住宅竣工面积为1 498.5万平方米，下降7.1%。

政策性住房建设步伐加快。2010年，全市政策性住房完成投资412.7亿元，比上年增长38.2%。截至12月末，政策性住房施工面积4 023.4万平方米，增长68.1%，其中本年新开工面积为1 958.5万平方米，增长110%；新开工套数为22.5万套，完成年初制定的“新开工建设和收购政策性住房占全市住房新开工套数的50%以上”计划。

3. 市场销售降幅较大，价格同比涨幅连续回落

商品房销量同比降幅较大。2010年房地产市场销售以4月份调控政策出台为分水岭，销售量同比由增转降，销售价格涨势得到控制。1—8月全市商品房和住宅销售面积同比降幅均达全年最

大，同比分别下降 40.8%和 48%。全年全市商品房销售面积为 1 639.5 万平方米，比上年下降 30.6%，其中住宅销售面积为 1 201.4 万平方米，下降 36.1%（见图 4—3）。

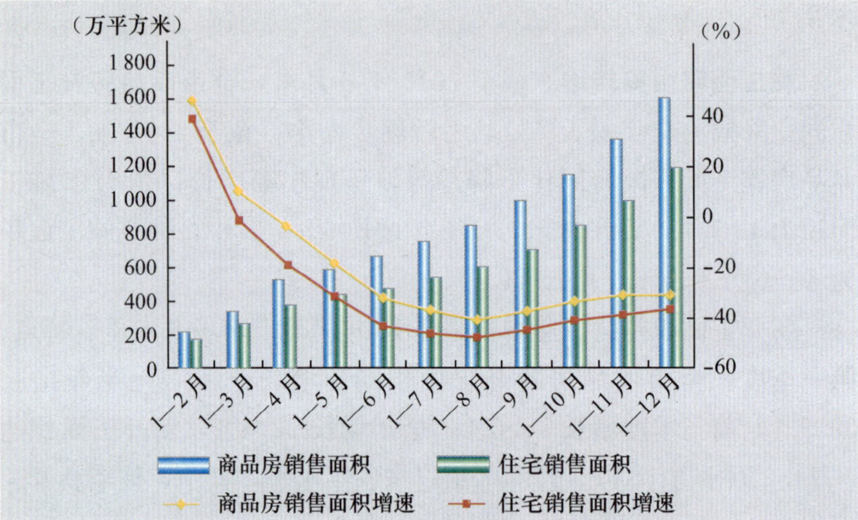

图 4—3　2010 年北京市商品房和住宅销售面积及增速

房屋销售价格同比涨幅连续 8 个月回落。12 月，全市房屋销售价格上涨 6.3%，涨幅比 11 月回落 2.8 个百分点，同比涨幅自 4 月达到 14.7%的最高点后，已连续 8 个月回落。

自 4 月"国十条"政策出台后，5、6 月份房屋销售价格环比分别下降 0.1%和 0.4%，7、8 月份环比持平，9 月份起环比价格首次走高，上涨 0.2%，10—12 月环比继续上涨 0.1%，0.2%和 0.2%。

（二）房地产调控政策对北京市房地产市场的影响

2010 年的房地产市场调控及其影响大概可以分为三个阶段。年初出台的较为温和的调控政策对销售市场起到一定降温作用，但是抑制价格上涨势头的收效不明显。4 月，严厉调控政策出台，对市场产生较为明显的影响，第二、三季度销售量跌价松。第四季度在紧缩银根的大环境下，随着预售资金监管办法的出台，入市项目明显增加，增加了市场有效供给。

1. 温和政策抑制价格上涨势头收效不明显

2010 年 1 月 7 日，国家出台《国务院办公厅关于促进房地产市场平稳健康发展的通知》（国办发［2010］4 号文），简称“国 11 条”，要求稳定市场预期，增加保障性住房供给，抑制投资投机性购房需求，并加强风险防范和市场监管等措施。2 月 21 日，北京出台《关于贯彻国办发［2010］4 号文件精神促进本市房地产市场平稳健康发展的实施意见》细则，在落实中央相关政策精神的同时，调整了个人销售住房税收优惠政策，恢复限外令，并初步提出了“严格二套住房购房贷款管理”规定。

由于政策力度相对温和，一定程度上减少了投机性需求，对销售较热的市场有一定降温作用。第一季度，全市商品住宅销售面积基本与上年同期持平，4 月当月住宅销售面积同比下降 41%。但是在销售量减少的同时销售价格继续上涨。4 月当月全市新建住宅销售价格同比上涨 14.7%，环比上涨 2.6%，均达年内最高增速。

2. 严厉调控政策成为市场调整分水岭，房价上涨趋势得到有效控制

4 月 14 日，温家宝总理主持国务院常务会议，研究部署抑制部分城市房价过快上涨措施。4 月 17 日《国务院关于坚决遏制部分城市房价过快上涨的通知》（国发［2010］10 号）出台，简称“新国十条”，要求坚决抑制不合理住房需求，提出第二套住房首付比例提至 50%、房价过高的地区可暂停发放购买第三套及以上住房贷款、可对不能提供 1 年以上当地纳税证明或社会保险缴纳证明的非本地居民停发住房贷款措施。4 月 30 日，北京市出台落实细则《北京市人民政府贯彻落实国务院关于坚决遏制部分城市房

价过快上涨文件的通知》，严格抑制需求、从紧贷款，明确要求对第三套及以上住房和不能提供1年以上北京市纳税证明或社会保险缴纳证明的非北京市居民暂停发放购房贷款；且自政策发布之日起，同一购房家庭只能新购买一套商品住房。6月4日，住建部、央行、银监会出台《关于规范商业性个人住房贷款中第二套住房认定标准的通知》，明确了二套房认定标准，银行房贷进一步紧缩。

政策出台后，北京市新建商品房交易明显减少，本应为销售旺季的5月，新建商品房和二手房销售价量齐跌，6月跌入谷底。从销售面积看，5月商品住宅销售面积比4月下降47.9%，6月份继续下降34.6%，当月住宅销售面积仅为40.4万平方米。从销售价格看，5月当月房屋销售价格环比下降0.1%，6月环比下降0.4%。此次政策力度较大，其影响立竿见影，成为房地产市场调整分水岭。

3. 预售资金监管办法的出台加快项目入市销售步伐，增加了市场有效供给

12月1日，北京市建委出台商品房预售资金监督管理方案，进一步规范预售资金的使用。相当一部分项目赶在12月份资金监管方案出台前入市预售，增加了市场有效供给。11月新批准预售入市住宅项目达45个，为2007年以来各月最高。

(三) 值得关注的几个问题

1. 房地产开发投资虽然快速增长，但主要依靠费用拉动，投资增长持续性风险加大

从房地产开发投资结构来看，2010年，全市建安工程投资为910.8亿元，比上年增长8.2%，占全市房地产开发投资比重为31.4%，同比降低4.6个百分点；土地购置费用为1 292.7亿元，增长120%，占全市房地产开发投资比重为44.6%，同比提高

19.5 个百分点。费用成为北京市房地产开发投资增长主要拉动力。这表明，当前北京市房地产开发投资结构不平衡，增长过度依赖非实体投资拉动，不仅削弱了房地产行业对经济增长带动的持续性，而且为今后投资保持平稳增长制造了更高的门槛，加大了“十二五”期间投资保持平稳增长的难度。

2. 政策调控立足点是控制需求，短期对抑制房价过快上涨效果明显；但市场供需矛盾突出、房价高位运行的局面依然未改变，应谨防未来刚性需求和改善性需求集中释放可能产生的价格反弹

总体来看，2010 年的房地产调控政策力度之大前所未有，有效抑制了北京市房价的快速上涨势头。全年全市商品房销售面积比上年下降 30.6%；房屋销售价格同比涨幅连续 8 个月回落。

但是，政策调控以控制需求为立足点，例如提高首付比例、提高交易环节税率、二套房信贷调控等规定在抑制投资投机需求的同时也对市场刚性需求和改善性需求造成较大影响。从长期来看，市场供给不足的问题依然没有得到很好的解决，供需矛盾十分突出：从 2004—2009 年，北京市商品房新开工面积持续六年下降，2009 年新开工面积仅为 2004 年的 62.5%；2010 年虽然新开工面积增长较快，但是建设进度仍较缓慢。供给减少的同时市场潜在需求依然较大，根据 2007 年房屋普查对居民家庭未来 5 年购房需求调查数据推算，北京市约有超过 60 万户家庭有购房需求，其中三成为刚性需求，超过五成为改善性需求，市场需求量依然庞大。第四季度，被抑制的需求又开始逐渐释放，销售面积和价格均呈现回升迹象，10—12 月各月住宅销售面积环比分别增长 26.5%，16.2%和 34.2%；房屋销售价格环比分别上涨 0.1%，0.2%和 0.2%。目前而言，抑制需求的政策不仅应该具有持续性和连贯性，更应加快市场开发供给速度，谨防因需求集中释放导致供需矛盾加剧和价格再次反弹。

3. 土地成交价款不断攀升可能强化房价上涨预期

根据北京市国土局数据显示，1—11月，全市已签订合同的出让土地面积为1 573.7公顷，比上年同期增长16.8%；成交价款为1 148.5亿元，同比增长70.1%。其中，商业和住宅用地出让面积增长10.6%，而成交价款增幅达73.5%。年底入市交易土地放量，企业购地热情不减，例如11月入市交易的海淀西北旺居住用地，成交价款达52亿元，成为严厉调控政策出台后成交的高价地块。土地价格的高企可能对房价上涨形成预期效应。

(四) 2011年房地产市场初步展望

2011年是“十二五”规划开局之年，初步判断，随着2009年和2010年政府投入两个1 000亿元进行土地一级开发，土地的收储增强了政府对市场供地的调控能力，房地产开发投资增幅可能继续保持平稳较快增长。2011年北京市计划建设和收购各类政策性住房20万套，用于公开摇号配租配售的有10万套，其中公租房和廉租房将占到6万套。政策房建设和供给将得到有力保障。从销售市场看，随着调控政策的延续，2011年销售市场出现大起大落的可能性不大。

（撰稿人：张琳）

三、2010年天津市房地产市场运行情况

2010年，天津住房建设坚持以科学发展观为指导，认真贯彻落实中央关于加强房地产宏观调控的一系列政策措施，稳定住房价格，解决低收入群众住房困难问题，进一步完善住房保障体系，强化房地产市场监管，保持房地产市场健康发展。

2010年，全市生产总值完成9 108.83亿元，按可比价格计算，增长17.4%。地方财政收入实现1 068.81亿元，增长30.1%。在全市国民经济实现又好又快发展的背景下，房地产开发投资继续保持了较快增长，经济适用房建设规模空前，商品房建设规模继续扩大；受国家房地产市场调控政策措施的影响，天津房地产市场预期扭转，房价快速上涨的势头初步得到平抑，市场进入新一轮调整期，商品房销售再创新低，开发到位资金逐步趋紧。

（一）房地产开发投资平稳增长

2010年，天津房地产完成投资866.64亿元，增长17.9%，增幅比2009年提高5.4个百分点；占城镇固定资产投资的14.2%，对固定资产投资增长的贡献率为9.3%。从商品房用途看，住宅投资565.39亿元，增长14.3%，占全市房地产投资的65.2%；办公楼投资77.18亿元，增长135%，占全市房地产投资的8.9%；商业营业用房投资127.35亿元，增长30.9%，占全市房地产投资的14.7%；其他投资96.72亿元，下降12.2%，占全市房地产投资的11.2%（见图4—4）。非住宅类投资占全市的34.8%，增长25.3%，增幅高出全市平均水平7.4个百分点，拉动全市房地产投资增长8.3个百分点。

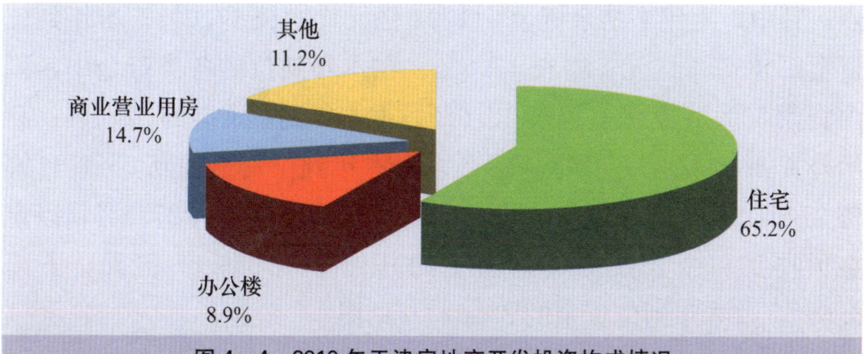

图4—4　2010年天津房地产开发投资构成情况

（二）房地产开发建设规模进一步扩大

2010 年，天津商品房施工面积 7 161 万平方米，增长 18.3%，增幅比 2009 年提高 12.2 个百分点。按用途分，住宅施工面积 5 118 万平方米，增长 13.3%；办公楼 397 万平方米，增长 14.1%；商业营业用房 1 004 万平方米，增长 47.2%。新开工面积 2 912 万平方米，比 2009 年净增 357 万平方米，增长 13.9%，增幅提高 9.2 个百分点。按用途分，商品住宅新开工面积 2 027 万平方米，增长 6.4%；办公楼 207 万平方米，增长 15.0%；商业营业用房 408 万平方米，增长 29.5%。

2010 年，全市商品房竣工面积 2 099 万平方米，增长 10.3%。按用途分，商品住宅竣工面积 1 604 万平方米，增长 1.4%；办公楼 102 万平方米，增长 21.4%；商业营业用房 235 万平方米，增长 103%。

（三）房地产开发到位资金趋紧

2010 年，天津房地产开发到位资金 2 176.58 亿元，增长 17.7%，与同期投资增长基本持平，增速比 2009 年低 20 个百分点；其中，上年末结余资金 511.04 亿元，增长 17.0%；本年到位资金 1 665.54 亿元，增长 17.9%。在本年到位的各类资金中，国内贷款 539.59 亿元，增长 48.6%，占本年到位资金的 32.4%；利用外资 8.34 亿元，下降 27.4%，占本年到位资金的 0.5%；自筹资金 457.74 亿元，增长 37.8%，占本年到位资金的 27.5%；以定金预收款和个人按揭贷款为主的其他资金 659.87 亿元，下降 6.6%，占本年到位资金的 39.6%（见图 4—5）。

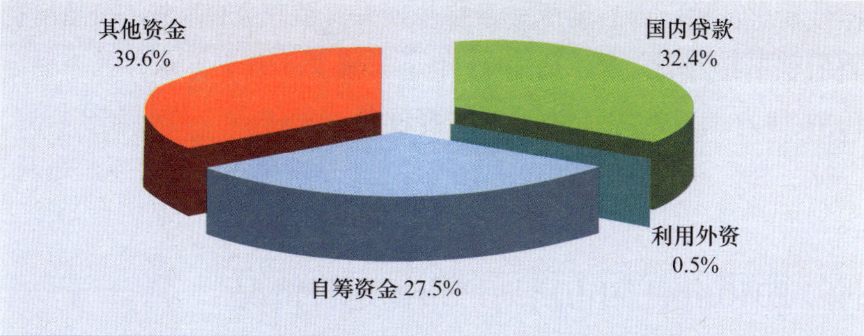

图 4—5 2010 年天津市房地产开发企业当年到位资金构成情况

（四）保障性住房建设力度加大

天津市委、市政府始终将解决城市低收入家庭住房困难作为改善民生的重要职责，通过多项措施和多条渠道解决中低收入群体住房问题，进一步加大经济适用房建设力度，经济适用房建设规模实现新的突破。2010 年天津保障房开工建设 680 万平方米，共计 9.3 万套，向 7.8 万户低收入住房困难家庭发放租房补贴。经济适用房投资 126.77 亿元，同比增长 13.3%。施工面积 1 537 万平方米，增长 36%，占住宅施工面积的 30%。其中，新开工面积 815 万平方米，增长 5.6%。经济适用房实现销售 166 万平方米，增长 160%。

（五）商品房成交量增幅回落

2010 年，天津商品房成交 1 564.52 万平方米，下降 1.6%，增速比 2009 年回落 28.6 个百分点。全市二手房成交 766.5 万平方米，下降 24.9%。受国家宏观调控政策影响，2010 年，天津房屋交易呈现先降后升走势，6—8 月新建商品房交易分别环比下降 7.1%，17.7%和 23.9%。进入 9 月以后，市场供应量增多，带动刚性需求释放，商品房成交量稳步回升。截至12月末，商品房待售面积166万平方米，比2009年年末减少6万平方米；其中住宅待售91万平方米，与2009年年末持平。

（撰稿人：龚连军　张琦）

四、2010年沈阳市房地产市场运行情况

2010年是房地产调控年，沈阳市认真贯彻落实国家宏观调控政策，房地产开发市场继续保持良好的运行态势。开发投资平稳增长，商品房施工面积、竣工面积不断增加，商品房市场销售稳步回升，商品房价格温和上涨，呈现平稳健康发展态势。

（一）房地产开发市场运行情况及特点

1. 住宅领跑，开发投资平稳增长

2010年年初以来，沈阳市良好的市场环境，进一步促进房地产开发市场平稳健康发展。全年沈阳市房地产开发投资完成1 450.1亿元，比2009年增长22%（见图4—6）。住宅投资增速领先，完成投资1 004.3亿元，增长25.2%；办公楼63.9亿元，减少4.3%；商业营业用房290.5亿元，增长10.5%。

2. 新开工面积增势迅猛，施工规模进一步扩大

2010年，沈阳市房地产新开工面积实现3 655.4万平方米，比2009年增长49.1%。其中，住宅2 916.7万平方米，增长55.2%；办公楼97.5万平方米，减少1.6%；商业营业用房495.9万平方米，增长25.4%。

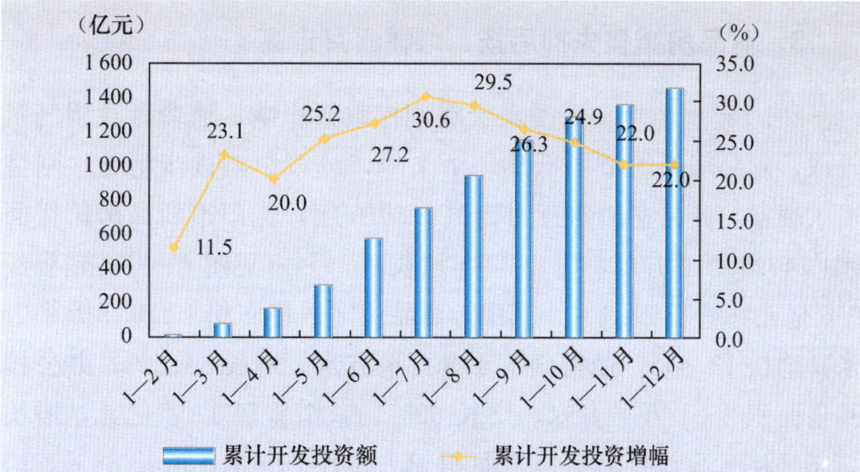

图 4—6　2010 年沈阳市房地产开发投资情况

在新开工面积增长的推动下，2010 年，沈阳市商品房施工面积达到 8 851.4 万平方米，增长 29.3%（见图 4—7），其中，住宅施工面积 6 634.2 万平方米，增长 30.9%；办公楼施工面积 329.2 万平方米，增长 28.6%；商业营业用房施工面积 1 462.3 万平方米，增长 19.6%。

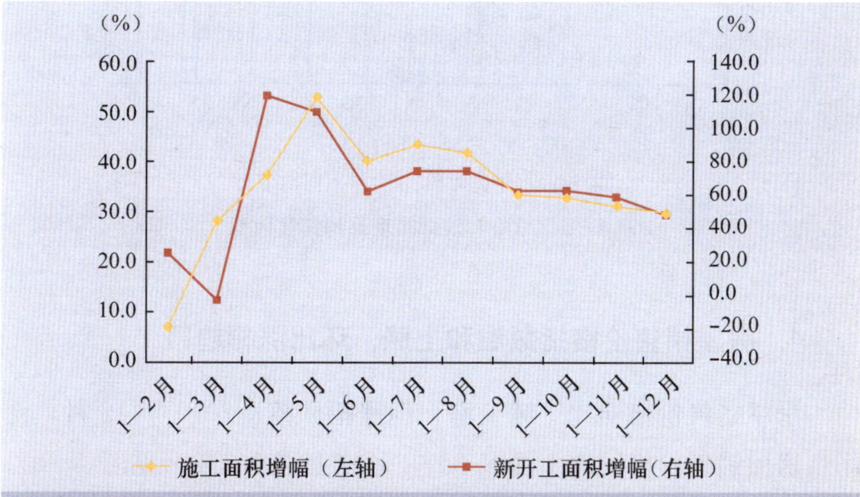

图 4—7　2010 年沈阳市商品房施工面积增速图

3. 商品房销售先抑后扬，增幅逐月走高

2010年上半年，受国家宏观调控政策影响，消费者观望气氛较浓，商品房销售市场低迷，下半年，政策影响逐步消化，刚性需求爆发，商品房销售逐月走高。2010年，沈阳市商品房销售面积1 746.5万平方米，比2009年增长13.9%（见图4—8），销售额945亿元，增长38.1%。其中，商品住宅销售面积1 516.1万平方米，增长13.9%，销售额774.5万平方米，增长34.8%；办公楼销售面积25.1万平方米，增长62.7%，销售额17.4亿元，增长47.8%；商业营业用房销售面积167.3万平方米，增长38%，销售额130.3亿元，增长51.1%。

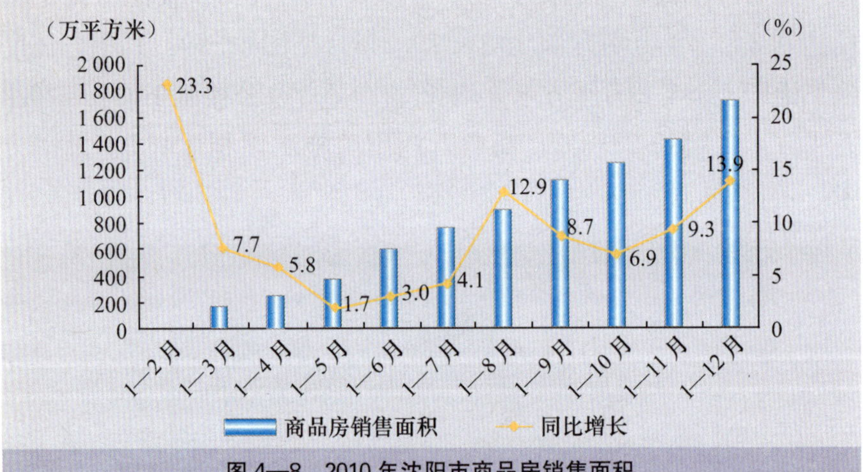

图4—8 2010年沈阳市商品房销售面积

4. 房屋销售价格指数温和上涨，环比涨幅趋缓

房屋销售价格同比继续上涨，但涨幅回落。2010年12月，沈阳市房屋销售价格同比上涨8.3%，环比上涨0.3%（见图4—9）；新建房销售价格同比上涨8.4%，环比上涨0.3%。其中，住宅销售价格同比上涨9.2%，环比上涨0.4%。其中，90平方米及以下

住房价格同比上涨 9.9%，环比上涨 0.4%。

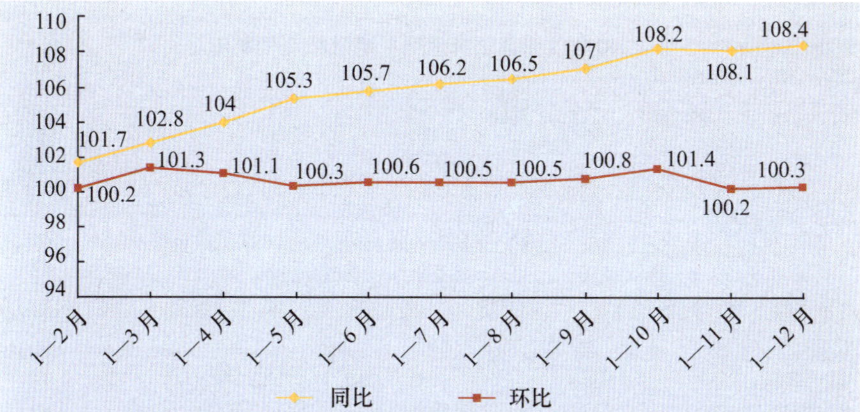

图 4—9　2010 年沈阳市商品房销售价格指数

5. 企业自筹资金比重提高，预收款及个人按揭贷款增速最快

2010 年，沈阳市房地产开发资金实现 2 224.8 亿元，比 2009 年增长 48.7%。其中，本年新到位资金 1 979.8 亿元，增长 44.6%。在本年到位资金中，企业自筹资金 1 091.3 亿元，增长 46.6%，占本年到位资金的 55.1%，比 2009 年提高 0.8 个百分点；国内贷款 256.3 亿元，增长 39.9%；利用外资 101.5 亿元，增长 21.4%；定金及预收款 368.5 亿元，增长 54.8%，占本年到位资金的 18.6%，比 2009 年提高 1.2 个百分点；个人按揭贷款 82.4 亿元，增长 21%，占 4.2%，比 2009 年减少 0.8 个百分点。

6. 县域地产活跃，产销两旺

随着沈阳市城市化进程的不断加快和郊区县环境的改善，开发商利用其土地资源和房价的双重优势快速地转向县域房地产市场。2010 年，沈阳市县域房地产完成投资 599.5 亿元，增长 25.8%，比全市房地产投资增幅高 3.8 个百分点；施工面积 4 653.6 万平方米，增长 42.7%，比全市增幅高 13.4 个百分点；

商品房销售面积876.3万平方米，增长22.6%，比全市高8.7个百分点（见表4—1）。

表4—1　　2010年沈阳县域房地产主要指标完成情况

	本年完成投资(亿元)	同比增长(%)	施工面积(万平方米)	同比增长(%)	新开工面积(万平方米)	同比增长(%)	销售面积(万平方米)	同比增长(%)	销售额(亿元)	同比增长(%)
全市	1 450.1	22.0	8 851.4	29.3	3 655.4	49.1	1 746.5	13.9	945.0	38.1
县域	599.5	25.8	4 653.6	42.7	2 152.1	78.7	876.3	22.6	398.2	51.2
苏家屯区	43.5	150.1	350.3	45.5	105.4	246.3	54.5	92.4	26.7	182.6
东陵浑南	164.4	4.4	1 217.2	58.8	493.9	56.7	202.1	−2.6	122.1	45.5
沈北新区	214.2	22.6	1 569.0	21.7	766.2	62.5	154.7	21.9	67.3	56.7
于洪区	101.6	5.4	991.2	38.6	357.8	78.0	244.9	11.3	123.3	28.2
辽中县	39.8	205.3	200.8	56.8	184.8	98.5	124.4	68.6	32.2	93.0
康平县	2.7	135.6	13.1	−0.5	13.1	−0.5	5.6	−46.0	1.9	−13.2
法库县	4.5	125.3	43.8	349.3	43.8	349.3	17.1	58.2	3.9	27.3
新民市	28.9	99.8	268.2	175.4	187.1	167.1	72.9	98.2	21.0	132.8

（二）存在问题

1. 住房供应结构有待改善，小户型比重相对较低

从供应结构看，中小户型、中低价位普通商品房供应量不足。2010年，沈阳市90平方米以下住房施工面积3 139.1万平方米，占商品住宅的47.3%，经济适用房施工面积161.6万平方米，占商品住宅的3%。与保障房建设开展得比较好的重庆相比，尚有差距。

2. 商业地产所占比重不高，与中心城市地位不符

近年来，沈阳作为东北的中心城市，辐射半径大，人口资源多，随着社会经济的发展和人民生活水平的提高，商业地产发展取得很大实效。2010年，商业地产投资占房地产开发投资比重

24.4%，比2009年减少2.9个百分点。在15个副省级城市中，比重偏低，排在末位。与房地产开发投资、商品房销售面积的位次不匹配，也与中心城市的地位不符。

（三）发展对策及建议

1. 以市场需求为导向，调整住房供应结构

要从实际消费需求出发，坚持以中小套型、中低价位商品住房为重点，增加面向城市普通居民的住房供应，兼顾不同消费群体的消费特征和购买能力，优化结构，拓展市场，拓宽空间，以提高住房有效供应水平，实现供求基本平衡。

2. 加快发展商业地产，反哺保障房建设

全面推进18个现代服务业集聚区建设，大力提升中心城区现代服务业规模和档次，优化产业结构，强化“物流、人流、资金流、信息流”集聚和扩散功能，拉动现代服务业快速发展。要紧紧抓住有利时机，加大投资规模，拓展投资空间，实现住宅地产、工业地产、商业地产“三箭齐发”。借鉴北京、重庆等地的先进经验，加大商业地产、工业地产投资规模，扩大土地出让金储备，弥补资金不足，反哺保障房建设。

3. 拓宽融资渠道，防范和化解市场风险

加强信贷风险管理，合理控制房地产行业信贷总体规模，逐步拓宽房地产企业合法融资渠道，加大吸引外资和民间资本的力度，支持和引导民间资本投资经济适用住房、公共租赁住房等政策性住房建设，鼓励房地产开发企业通过股权合作、上市、房地产信托等渠道筹集开发资金，通过多元化的融资渠道化解金融风险。

（撰稿人：柳东升）

五、2010年上海市房地产市场运行情况

2010年，为了房地产市场长期稳定健康发展，国家出台了一系列宏观调控政策，从金融、土地、财税等各方面加强规范管理，坚决抑制地价、房价过快上涨。上海市委、市政府从房地产市场发展实际出发，把保增长与扩内需、调结构、促改革、惠民生有机结合起来，针对房地产市场出现的新情况、新问题，积极采取双向调控措施，在促进房地产市场健康平稳发展的同时，为保持经济增长发挥有效作用。

（一）2010年上海房地产市场回顾

1. 2010年上海房地产市场运行情况

（1）房地产开发投资快速增长。2010年，上海房地产开发投资快速增长，自4月份以来开发投资增幅始终保持在30%以上，全年完成开发投资1 980.68亿元，比2009年增长35.3%（见图4—10）。从商品房类型看，商品住宅投资1 144.63亿元，增长38.5%，占总开发投资的62.7%；办公楼投资204.08亿元，增长8.7%，占11.2%；商业营业用房投资219.86亿元，增长18.3%，占12%。

2010年，上海房地产开发投资实现快速增长，主要有以下三方面原因：

一是保障性住房建设积极推进。2010年，上海保障性住房完成投资335.4亿元，比上年增长72.3%，大力推动了全市房地产开发投资的增长。

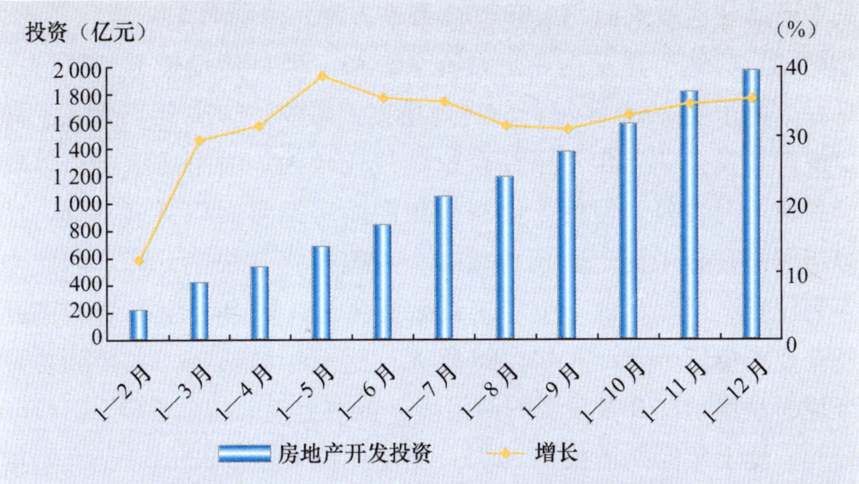

图4—10 2010年上海房地产开发投资完成情况

二是土地购置费快速增长。2010年，上海加大了对闲置土地的检查力度，促进项目开工建设，全年土地购置费达到449.27亿元，比上年增长110%，占房地产开发投资的比重为22.7%，成为拉动房地产开发投资快速增长的重要因素之一。

三是投资滞后效应。受2009年房地产市场销售较好和适度宽松货币政策双重影响，房地产开发企业加快项目建设进度引起投资增长的滞后。

（2）房地产建设规模扩大。随着房地产开发投资的增长，商品房在建规模继续扩大。2010年，上海商品房施工面积11 295.03万平方米，比2009年增长13.4%。其中商品住宅施工面积7 313.85万平方米，增长11.6%。

2010年，上海商品房新开工面积3 030.59万平方米，比2009年增长21.7%。其中商品住宅新开工面积2 111.11万平方米，增长22.7%。

但是，受前几年商品房在建规模下降的影响，上海商品房竣工面积呈下降的态势。2010年，上海商品房竣工面积1 941.25万平方米，比2009年下降7.8%，但降幅自下半年以来逐步收窄。

其中商品住宅竣工面积1 685.35万平方米，下降7.5%。

(3) 房地产开发企业建设资金充裕。项目建设资金到位情况良好。由于受2009年银行信贷规模扩大影响，2010年以来，上海房地产开发企业上年年末结余资金规模较大，因而显示出整体资金到位情况良好。但由于上海全年商品房销售面积持续下降，使当年到位资金中的定金预付款和个人按揭贷款快速下降，因此当年到位资金增幅远低于上年末结余资金。2010年，上海房地产开发企业到位资金合计4 443.85亿元，比上年增长23.1%，到位资金规模是房地产开发投资的两倍多。其中上年末结余资金1 214.56亿元，比上年同期增长78.1%；当年到位资金3 229.29亿元，增长10.3%。从当年资金来源渠道看，四大类资金呈现出三升一降的特点（见表4—2）。

表4—2　2010年上海房地产企业到位资金情况

指标名称	当年到位资金（亿元）	增长（%）	比重（%）
本年资金来源小计	3 229.29	10.3	100
国内贷款	819.57	28.6	25.4
利用外资	96.05	280	3.0
自筹投资	1 070.88	72.1	33.2
其他资金	1 242.78	−24.3	38.5
定金及预收款	810.39	−26.4	25.1
个人按揭贷款	239.88	−42.9	7.4

金融业对房地产发展支持力度明显。据中国人民银行上海总部统计数据显示，截至2010年11月底，上海中资商业银行人民币房地产贷款余额8 298.71亿元，比2009年同期增长19.2%。其中房地产开发贷款余额3 072.19亿元，增长20.1%；个人购房贷款余额4 629.45亿元，增长15.9%。

但受调控政策影响，上海商品住宅销售面积明显下降，公积金贷款余额虽仍呈上升态势，但当年发放额大幅下降。到11月末，上海公积金贷款余额1 118.65亿元，比上年同期增长18%。上海住房公积金当年发放额280.16亿元，下降44.7%。

(4) 商品房销售面积下降。2010年年初以来，国家陆续出台了多项宏观调控政策，以遏制房价过快上涨，促进房地产市场健康稳定发展。国庆期间，上海出台了《关于进一步加强上海房地产市场调控加快推进住房保障工作的若干意见》，以巩固房地产市场调控成果，保持房地产价格合理稳定。在各项政策措施的作用下，上海房地产市场上的投机投资需求得到有效遏制，但也不可避免地影响了部分自住性和改善性购房需求，导致房地产市场销售大幅下降。

商品房销售面积继续下降，降幅有所扩大。在一系列房地产调控政策的作用下，2010年以来上海新建商品房销售面积低位运行。全年新建商品房销售面积2 055.53万平方米，比2009年下降39%。其中新建商品住宅销售面积1 685.35万平方米，下降42.4%。

存量房成交面积降幅有所扩大。在楼市调控持续深入和上年较高成交基数的影响下，上海存量房成交面积继续下降，降幅有所扩大。据房地产交易中心统计，2010年，上海存量房交易面积1 966.86万平方米，比2009年下降30%；存量住宅交易面积1 522.21万平方米，下降38.9%。2010年上半年，存量房成交面积保持增长，但增速不断趋缓，至7月份出现下降，此后降幅逐步扩大（见表4—3）。

表4—3　　2010年上海市新建及存量商品房、商品住宅销售情况

	新建商品房		存量房		新建商品住宅		存量住宅	
	销售面积（万平方米）	增长（%）	交易面积（万平方米）	增长（%）	销售面积（万平方米）	增长（%）	交易面积（万平方米）	增长（%）
1—2月	321.68	−4.8	478.44	163.7	283.57	−7.0	386.62	155.9
1—3月	485.12	−17.3	600.56	82.7	405.11	−25.3	479.23	69.4
1—4月	689.43	−21.4	769.28	46.3	582.55	−29.0	608.00	31.9
1—5月	865.36	−26.2	980.54	31.0	719.17	−32.5	778.26	17.5
1—6月	1 009.13	−35.8	1 136.27	7.0	840.51	−41.8	892.90	−6.8
1—7月	1 104.08	−42.1	1 249.76	−7.0	910.54	−48.0	970.38	−20.1
1—8月	1 301.26	−40.7	1 354.90	−17.4	1 068.53	−46.7	1 043.03	−29.4
1—9月	1 503.76	−39.3	1 480.86	−23.4	1 248.42	−44.0	1 132.80	−34.6
1—10月	1 650.20	−40.4	1 608.41	−25.2	1 351.47	−45.6	1 235.05	−35.6
1—11月	1 793.35	−41.5	1 795.82	−26.7	1 451.54	−46.4	1 388.66	−36.0
1—12月	2 055.53	−39.0	1 966.86	−30.0	1 685.35	−42.4	1 522.21	−38.9

（5）保障性住房建设力度加大。上海在保持房地产市场稳定发展的同时，把加大保障性住房建设力度、解决中低收入家庭住房困难作为改善民生的重点，不断创新思路、创新机制，完善住房保障体系，扩大住房保障覆盖面，尽力解决人民群众的住房困难。

廉租住房受益面不断扩大。2010年，上海着力解决低收入住房困难家庭的住房问题，对符合条件的申请家庭基本实现“应保尽保”。在住房困难面积准入标准不变的情况下，调整收入和财产准入标准。随着政策覆盖面逐步扩大，受益家庭数量不断增加。至2010年年底，上海廉租房累计受益家庭达7.5万户，其中2010年内新增廉租房受益家庭9 000户。

经济适用住房稳步启动。为完善住房保障体系，上海积极推进经济适用住房制度，初步形成了一整套经济适用住房开发、建设、申请审核、供应管理等运行机制，在徐汇、闵行两区试点的基础上进一步放宽准入标准，以加快解决中低收入居民的住房困难问题。经济适用住房申请审核、轮候供应工作在徐汇、闵行两区试点圆满完成，受理申请家庭2 500余户，其中有1 900余户家庭参与选房。

大力推进动迁安置房建设。2010年，上海结合大型居住社区建设，不断加大动迁安置房建设和供应力度，有效满足上海重大市政和重点旧区改造项目的动迁需求。

积极探索公共租赁住房制度。为构建多层次住房供应体系，以完善住房市场结构，丰富住房市场选择，除加大经济适用住房、动迁安置住房建设力度之外，上海还积极探索公共租赁住房制度，有效解决上海青年职工、引进人才和来沪务工人员等常住人口的阶段性居住困难问题。2010年9月，《上海发展公共租赁住房的实施意见》颁布实施。同月上海地产普陀项目和10月的馨逸公寓项目分别正式开工建设，标志着公共租赁住房建设、试点运营和机构组织等工作实质性启动。作为一项新增的住房保障政策，公租房政策的建立，将使上海基本构建形成一个分层次、多渠道、成系统的住房保障体系。

2. 2010年上海房地产市场存在的问题

（1）竣工面积连续下降，供应不足的矛盾依然存在。各项调控政策的贯彻落实虽然有效抑制了投资投机购房需求，将市场还给有自住需求的购房者，但由于近两年商品房竣工面积的连续下降，后续供应量不足的问题依然存在。2008年，上海商品房竣工面积2 475.04万平方米，比2007年下降26.8%；2009年，竣工面积2 104.98万平方米，比2008年下降15%；2010年，竣工面积1 941.25万平方米，比2009年下降7.8%。

（2）房地产市场对金融依赖过大，开发企业在销售下降的形势下资金将出现紧张。2010年，上海房地产开发建设中，企业自有资金518.64亿元，占本年到位资金的16.1%；国内贷款819.57亿元，占25.4%；个人按揭贷款217.1亿元，占7.4%。而后两项合计占比高于企业自有资金比重16.7个百分点。同时，2010年以来上海商品房销售持续下降，导致房地产企业资金来源中的定金预付款和个人按揭贷款大幅下降，本年到位资金增幅远低于2009年。如果2011年上海商品房销售形势仍然低迷，国家继续实行稳健的货币政策，则房地产开发企业的资金供应可能趋于紧张。

（3）住房保障工作有待进一步完善。自1987年开始实施住房解困工程，启动市场经济条件下住房保障工作以来，上海正逐步建立起为中低收入家庭提供住房的保障制度。但到目前为止，已有的住房保障机制仍存在保障性住房准入门槛较高、覆盖面较小、项目建设资金筹措困难、项目推进难度较大等问题。

（4）房价的上涨势头在通货膨胀压力下较难抑制。随着发达国家新一轮定量宽松政策的启动，流入我国的国际热钱大量增加。同时，为应对金融危机，2009年以来我国货币投放大量增加，过多的流动性必将会释放出来。虽然自2010年下半年以来央行不断提高银行存款准备金率，但流动性过剩的状况不会得到很快改观。目前，由于受调控政策的影响，商品房销售下降，房价上涨势头得到了有效的抑制。但如果国际热钱和国内过多的流动性没有适当渠道分流，通用预期不断增强，房地产市场将面临再次被炒作的危险，房价也存在再次上涨的压力。

（二）2011年上海房地产市场趋势判断

2011年是上海“十二五”规划开局年，也是后世博时代起始年。目前，上海经济增长态势趋于稳定、各项房地产调控政策效果明显，为上海房地产市场稳定健康发展奠定了良好的基础。

1. 房地产开发投资将保持适度规模

保障性住房建设力度加大。据上海市住房保障和房屋管理局计划安排，2011年上海将开工建设经济适用住房500万平方米、动迁安置房800万平方米、公共租赁住房200万平方米，这一系列住房保障建设目标将确保上海房地产开发投资保持一定规模。

市区两级大项目建设规划落实。迪士尼项目、虹桥商务区、后世博园区及浦东、奉贤、徐汇等区旅游商务项目建设，将促进周边区域的房地产需求增加、刺激商业地产、提升房产档次；同时各项目周边相关市政配套、居住环境的改善，以及区域就业人群的显著增加，也会促进区域住宅市场的发展，能够确保上海房地产开发投资保持适度规模。

2. 商品房销售趋于稳定

随着各项房地产调控政策落实到位，保障性住房准入标准进一步放宽，人们对房地产市场预期将回归理性，因此商品房销售量变动趋势也将逐步稳定。

（三）2011年上海房地产市场健康发展的对策建议

1. 保持调控政策的连贯稳定，以利于房地产开发企业制定自身发展规划

近几年来，为了房地产市场的健康稳定发展，国家和各级地方政府根据市场发展状况，制定了一系列针对房地产市场的调控政策。但由于宏观经济及房地产市场发展的不平衡，造成近年来出台的政策时宽时紧，使房地产开发企业在制定自身发展规划和部署企业发展战略时难以参考。因此，应该以经济手段调控房地产市场，保持相关政策的稳定性，重点是政策的贯彻落实，以利于房地产企业的发展。

2. 重视非居住用房的建设和发展

上海作为国际化大都市，对房地产项目的开发、建设和管理不仅限于住宅，办公楼、商业用房等经营性物业的建设也必须达到国际先进水平。目前，上海的办公、商业楼宇市场普遍存在缺乏统一的等级分类标准、配套服务不够完善等问题。因此，2011年在稳定住房价格、抑制投机购房的同时，也要重视办公楼、商业用房等经营性物业的规划、建设和管理。

3. 进一步扩大保障性住房的覆盖面

进一步完善上海住房保障体系，加大住房保障的力度，加快推进经济适用房、动迁安置房、公共租赁房等保障性住房的建设，放宽各类保障性住房的准入标准，满足不同中低收入人群的需求，扩大受惠面，缓解房地产业发展中的矛盾。

（撰稿人：俞岚）

六、2010年南京市房地产市场运行情况

(一) 房地产开发投资呈现平稳较快增长的态势

1. 房地产开发投资增长25.6%

2010年，南京市房地产开发投资748.35亿元，比2009年增长25.6%，明显快于2008年13.9%、2009年17.2%的增速，仅略低于2007年的27.0%，为“十一五”期间次高增幅。房地产开发投资占全社会固定资产投资的比重为23.2%，仍在较合理的区间。全年房地产投资增速高点出现在“国十条”颁布前的2—4月份，同比增长超过30%，其他月份累计增速稳定在25%～30%，呈现平稳较快增长的态势（见图4—11）。

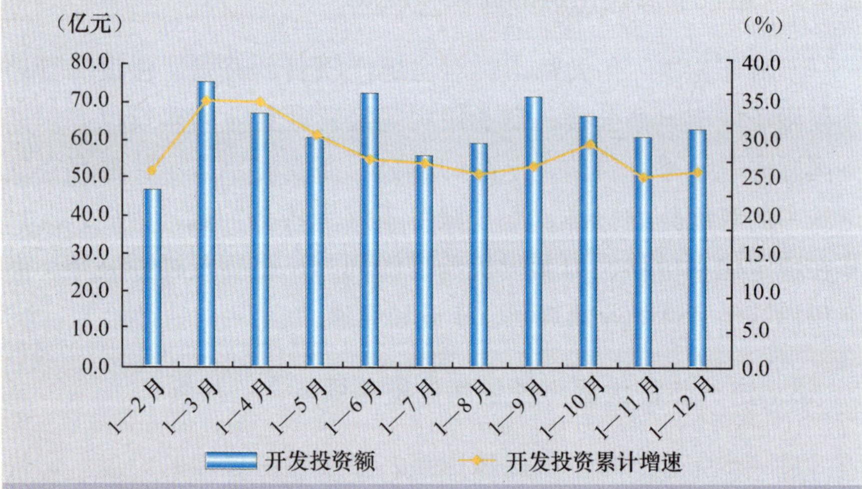

图4—11 2010年南京市各月房地产开发投资及累计增长情况

2. 投资高增长的原因分析

推动全年房地产投资平稳增长主要原因表现在：2010年，以

建安工程和设备购置为实体投资的房地产开发部分，完成投资402.61亿元，仅比2009年增长1.9%，占总量的53.8 %，比2009年回落12.5个百分点，实体建设投入明显放慢；各项支付费用投资完成345.74亿元，增长72.3%，其中，土地购置费支付投资220.19亿元，增长75.0%，占29.4%，提高8.3个百分点（见图4—12），以土地购置费为主的各种投资费用高速增长，对投资形成强力支撑。

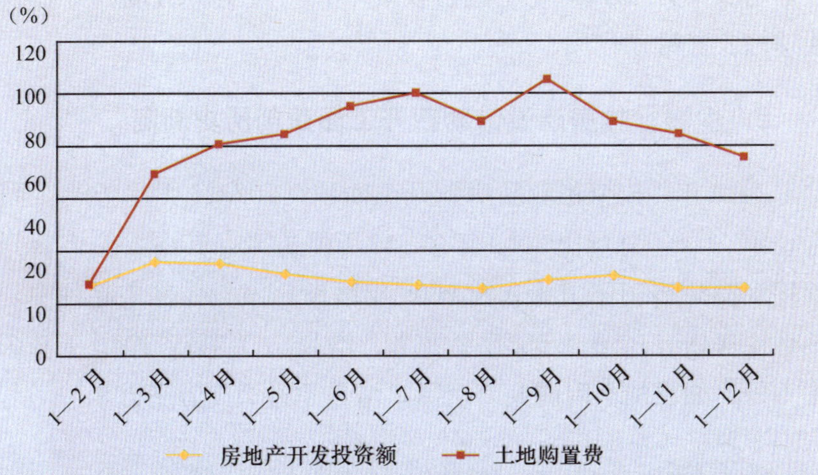

图4—12　2010年南京市房地产各月投资及土地购置增长情况

3. 住宅投资增速最快

2010年，商品住宅完成投资570.62亿元，比2009年增长29.9%，增幅提高22.7个百分点，占全部投资比重也由上年的73.8%提高到76.3%；办公楼完成投资27.16亿元，下降4.2%；商业营业用房完成投资79.59亿元，增长17.3%；其他房屋完成投资70.98亿元，增长18.2%，办公楼、商业营业用房和其他房屋品种增幅均低于全市水平，分别回落了31.3，67.3和35.5个百分点，房地产开发仍保持以住宅投资为主的格局。

4. 三资经济推动增长

2010年，随着国家对央企退出房地产开发领域等政策的落实，国有经济投资占房地产开发投资份额逐步下降，带动内资经济占比从上年的88.9%回落到83.7%；内资经济投资增长18.2%，高于上年平均增长，仍起到基础支撑作用；港澳台商投资经济投资增长148.5%，比重从上年的5.4%提升到10.6%，外商投资经济投资增长26.0%，均高于全市投资增长，对全市房地产开发投资快速增长起推动作用。

5. 保障性住房建设带动新开工面积创历史新高

2010年，南京市商品房新开工面积1 702.26万平方米，同比增长47.1%，总量比2009年多545万平方米，其中，住宅新开工面积1 236.75万平方米，比2009年增长53.9%。住宅品种中，保障性住房新开工264.68万平方米，增长150.9%，净增159.2万平方米，如果加上附属配套房屋，增量超过200万平方米。

(二) 商品房市场销售出现较大幅度的回落

1. 新建商品房屋销售下降30.7%

2010年，南京市新建商品房销售面积达823.17万平方米，比2009年下降30.7%，与上年68.8%的高增长相比，降幅差扩大到99.5个百分点。销售总量在15个副省级城市中排第11位，降幅仅次于深圳、杭州市排第三位；在省内，销售面积总量从上年的第二位，下降到苏、锡、常之后，列第四位，下降幅度仅次于苏州。新建商品房销售额787.38亿元，下降7.7%，与上年139.6%的高增长相比，降幅差扩大到147.3个百分点，销售额降幅快于销售面积降幅（见图4—13）。

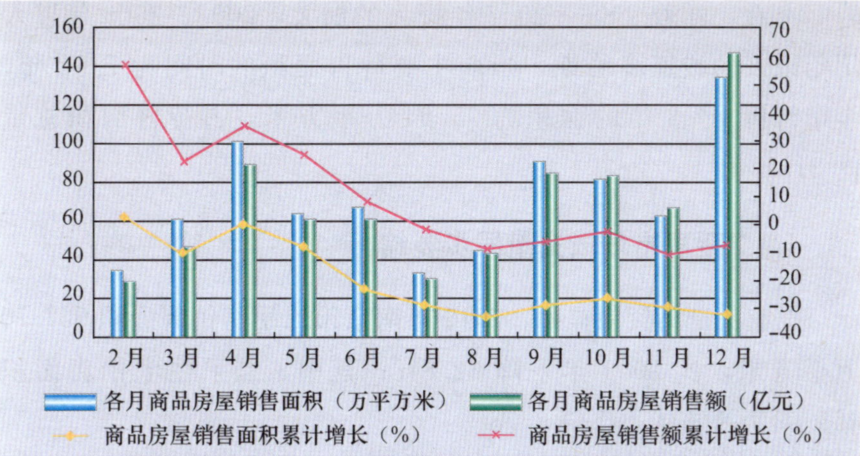

图4—13 2010年南京市各月商品房销售及累计增长情况

2. 按类型分新建商品房销售“二升二降”

从新建商品房销售品种分类分析：住宅销售面积754.82万平方米，占比达91.7%，销售面积比2009年下降32.2%，其中的140平方米以上住宅销售144.95万平方米，降幅最大，达43.5%；办公楼销售面积14.78万平方米，下降37.1%；商业营业用房销售面积43.42万平方米，增长3.8%；其他房屋销售面积10.15万平方米，增长29.1%。由于房地产调控政策主要指向住宅，使得住宅销售出现较大萎缩；另一方面，部分购房需求转向商业营业用房或商住两用等其他品种，以规避政策限制。

3. 新建商品住宅待售面积小幅下降

2010年，南京市新建商品房竣工面积1 039.57万平方米，比2009年下降26.9%，其中，住宅竣工737.43万平方米，下降37.0%。受此影响，截至年末，全市新建商品房待售面积118.28万平方米（扣除经济适用房），增长14.5%。其中，商品住宅待售面积51.62万平方米，占比为43.6%，同比下降6.1%；待售面积主要来源于商业营业用房与其他房屋品种。从时间上看，随着2006—2007年投入的加大，2008、2009年进入历年以来的竣工高峰期，当前主要待售面积的时间为1～3年，全市待售1～3年的面积为95.94万平方米，占待售面积总量的81.1%。

4. 二手房市场成交量同步萎缩

据有关部门资料显示，2010年南京市二手房销售面积557.70万平方米，比2009年下降32.8%；其中，二手住宅销售面积496.03万平方米，下降35.8%。

5. 市场供求关系比较合理

截至2010年年末，南京市商品房累计可售面积993.69万平方米，比2009年增长26.03%，其中商品住宅累计可售面积376.25万平方米，增长31.16%。商品住宅累计可售套数为32 724套，为年初以来最高。分区域看，住宅累计可售量主要集中在江宁、浦口和河西新城三区，占全市57.67%；分面积段看，住宅累计可售量主要集中在144平方米以上，占比为37.4%；90平方米以下累计可售量占比为25%。从去化周期来看，按近一年的商品住宅月均销售率来计算，目前住宅可售量大概需要8个月时间全部销售完成，按144平方米以上商品住宅月均销售率来计算，144平方米以上商品住宅去化周期达到15个月。全市商品住宅滚动一年（2010年1月至2010年12月）供销比为1.20∶1。

（三）值得关注的问题与2011年趋势的预测

房地产开发行业，从投入到产出，有较明显的周期性特征。2007年以来，受国内外经济以及房价高企等各种因素影响，房地产市场波动加剧。2010年，南京房地产开发投资开始出现了实体投资增长1.9%与开发总投资增长25.6%的不协调，新开工面积增长47.1%与在建施工面积增长3.5%的不协调，两个高度相关因素的不协调，说明房地产开发周期或者是建设周期正在逐步放慢，建设周期延长势必影响市场供应量的有效放大，而供求关系同时收紧，则不会对价格产生较大影响。

2010年，南京市共挂牌土地503.60公顷，比2009年增长29.48%；成交444.73公顷，增长14.44%；成交总价557.76亿元，增长155.60%，据推算，成交土地有六到七成要在2011—2012年的投资中反映。2011年是加快民生改善的关键年，加上2011年进入“青奥会”周期，故房地产开发项目储备较为丰富，加快项目永久性开工至关重要。2011年初，国务院“新国八条”出台，南京市也将出台相应政策，预计房地产市场销售短期不可能出现大幅波动。

（撰稿人：尹小宁）

七、2010年杭州市房地产市场运行情况

2010年，杭州市房地产开发投资保持较快增长，商品房新开工面积增势强劲，但受国家房地产市场调控政策的影响，商品房销售面积持续下降，企业资金回笼速度放缓，调控政策效应逐步显现。

（一）2010年杭州市房地产市场运行情况

1. 房地产开发投资情况

（1）房地产开发投资创近年新高。2010年，杭州市完成房地

产开发投资956.20亿元，同比增长35.7%，增速创2003年以来新高，比2009年提高21.2个百分点，快于全社会固定资产投资增速15.6个百分点。全市房地产开发投资占全社会固定资产投资的34.7%，比2009年提高4个百分点。对全社会固定资产投资的拉动作用显著，拉动全社会固定资产投资增长11个百分点。从各月走势看，投资增幅前低后高，1—2月杭州市房地产开发投资同比增长20.6%，为2010年最低点；3月起累计增幅均保持在30%以上，4月达到第一个高点36.0%；受新政影响，5月开始逐月小幅回落；8月有所回升，9月增幅达到全年最高点38.1%，10月始又呈小幅回落（见图4—14）。

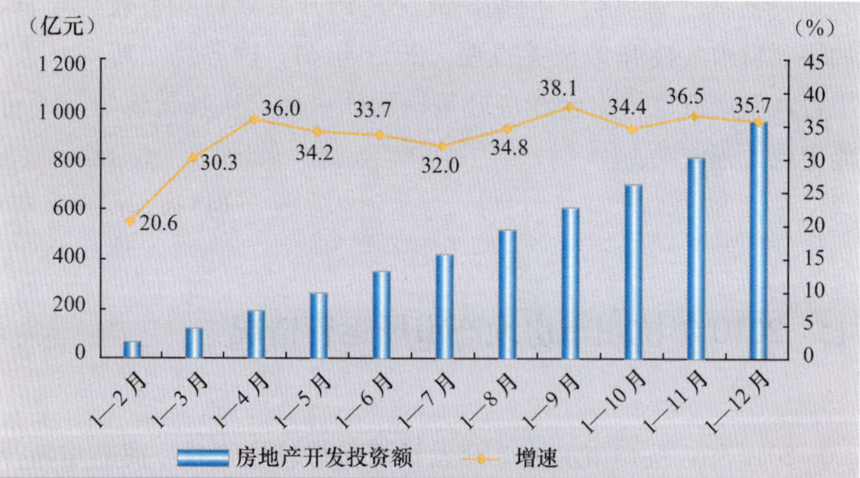

图4—14　2010年杭州市房地产开发投资趋势

（2）开发商投资逐渐向县（市）转移。2010年，分区域看，市区完成房地产开发投资848.65亿元，同比增长35.5%，增幅比2009年提高16.7个百分点。其中主城区完成房地产开发投资653.13亿元，同比增长39.4%，增幅同比提高18.3个百分点。五县（市）完成房地产开发投资107.55亿元，同比增幅由2009年负增长11.2%提高到增长37.0%，增速由2009年低于市区30个百分点至2010年高于市区1.5个百分点（见图4—15）。

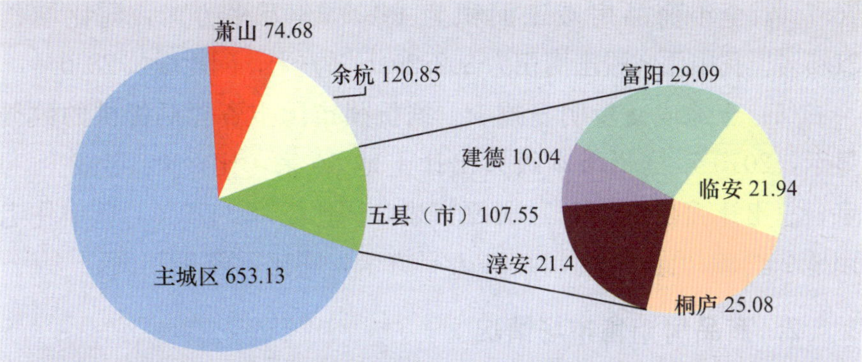

图 4—15　2010 年杭州市分区县（市）房地产开发投资完成情况（亿元）

（3）大户型住宅投资增速强劲。2010 年，从房地产投资结构看，全市完成商品住宅投资 676.27 亿元，同比增长 32.7%，增幅高于 2009 年 21 个百分点。其中 140 平方米以上住宅完成投资 278.19 亿元，同比增长 48.5%，增幅高于 2009 年 35.6 个百分点；90 平方米及以下住宅完成投资 263.66 亿元，同比增长 27.5%，增幅较 2009 年回落 10.8 个百分点。140 平方米以上住宅投资与 90 平方米及以下住宅投资比例由 2009 年的 0.9∶1 上升为 1.1∶1，表明市场对于大户型住宅的需求预期提升。办公楼投资增速有所回落，商业营业用房保持较快增长。全市完成办公楼投资 80.84 亿元，同比增长 11.9%，增幅比 2009 年回落 21.4 个百分点；商业营业用房投资 69.24 亿元，同比增长 38.5%，增幅比 2009 年提高 13.7 个百分点。

（4）新开工面积呈现高速增长。2010 年，全市商品房施工面积为 6 227.05 万平方米，同比增长 20.9%，增幅比 2009 年提高 17.6 个百分点。其中住宅施工面积为 4 249.18 万平方米，同比增长 15.6%；办公楼施工面积为 563.63 万平方米，同比增长 21.9%；商业营业用房施工面积为 464.58 万平方米，同比增长 25.9%。随着国家加大对闲置土地的查处力度以及 2009 年新开工缩量的影响，2010 年杭州市新开工面积增势强劲，全年新开工面积为 1 929.08 万平方米，同比增幅由 2009 年负增长 16.8%上升到增长

76.7%。全年商品房竣工面积为 1 100.18 万平方米，同比增长 31.5%。其中住宅竣工面积为 802.29 万平方米，同比增长 28.0%。

（5）土地成交量明显减少。据杭州市国土资源局提供的数据显示，2010 年杭州市本级共出让土地 64 宗，比 2009 年减少 39 宗；总出让面积为 217.11 万平方米，同比下降 34.9%。其中住宅用地 29 宗，出让面积 134.64 万平方米，同比下降 52.4%。

2. 商品房销售市场情况

（1）新建商品房销售持续下降。2010 年 4 月房地产新政出台后，全市新建商品房销售连续 8 个月呈现负增长。全年商品房销售面积为 988.34 万平方米，比 2009 年下降 32.1%，降幅分别较上半年、第 3 季度和 1—11 月分别收窄 7.6，5.7 和 3.1 个百分点。其中商品住宅销售面积为 797.59 万平方米，同比下降 39.3%，降幅较上半年、第 3 季度和 1—11 月分别缩小 8.0，4.6 和 2.0 个百分点。

（2）非住宅类商品房销售活跃。2010 年，杭州市办公楼、商业营业用房和其他房屋销售保持较快增长，与住宅销售形成鲜明对比。全年办公楼销售面积为 102.33 万平方米，同比增长 40.1%；商业营业用房销售面积为 70.19 万平方米，同比增长 31.0%；其他房屋销售面积为 18.23 万平方米，同比增长 18.4%（见图 4—16）。

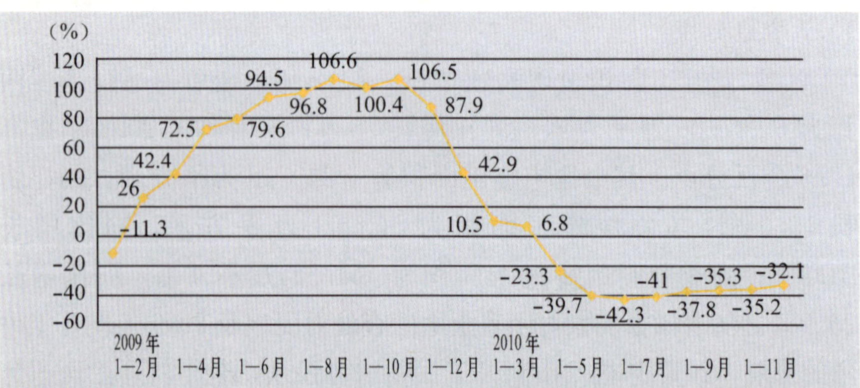

图 4—16 2009—2010 年杭州市各月新建商品房销售走势

（3）市区销售降幅大于县（市）。2010年，杭州市区新建商品房销售面积为758.92万平方米，比2009年下降37.1%；其中住宅销售面积为593.04万平方米，同比下降45.5%。市区新建商品房销售面积占全市比重也由2009年的82.9%下降到76.8%。五县（市）新建商品房销售面积为229.42万平方米，同比下降8.0%；其中住宅销售面积为204.54万平方米，同比下降9.3%（见表4—4）。

表4—4　　2010年杭州市各区、县（市）新建商品房销售情况

	商品房销售面积（万平方米）	同比增长（%）	住宅销售面积（万平方米）	同比增长（%）
全市	988.34	−32.1	797.59	−39.3
（一）市区合计	758.92	−37.1	593.04	−45.5
主城区	420.94	−44.4	314.59	−52.8
萧山区	110.74	−33.2	86.08	−42.8
余杭区	227.24	−20.0	192.36	−29.4
（二）五县（市）合计	229.42	−8.0	204.54	−9.3
桐庐县	56.30	−3.5	50.02	−5.7
淳安县	21.30	−15.0	20.83	−6.1
建德市	31.84	12.7	27.88	12.0
富阳市	55.95	−30.1	49.86	−31.7
临安市	64.02	11.1	55.95	7.1

（4）二手房市场交易量明显下滑。2010年，受房地产新政影响，杭州市主城区二手房交易量明显减少，除了3月销售套数超过2009年同期，其余各月二手房成交套数均低于2009年同期。据杭州市房管局统计数据显示，全年主城区二手房成交23 948套，同比下降49.2%；销售面积为200.25万平方米，同比下降48.7%；销售额为380.58亿元，同比下降32.1%（见图4—17）。

（5）房屋销售价格涨幅缩小。2010年，受房地产调控政策的影响，杭州市商品房销售大幅下降，房屋销售价格涨幅缩小。全年市区房屋销售价格同比平均上涨10.3%，涨幅较上半年和第3季度分别回落4.2和2.6个百分点。其中新建房同比上涨10.8%，较上半年和第3季度分别回落4.3和2.7个百分点；二手房同比上涨9.4%，较上半年和第3季度分别回落3.9和2.0个百分点。

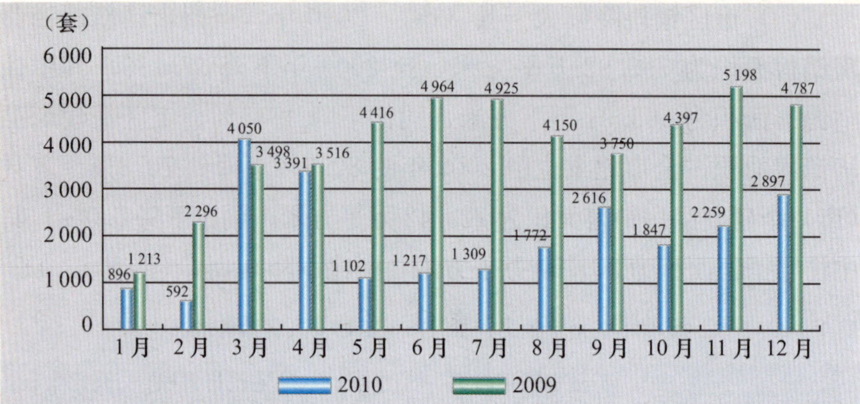

图4—17　2009年和2010年杭州市主城区二手房成交情况

3. 与全省十一个城市对比

（1）开发投资额占全省三成多。2010年，杭州市房地产开发投资总量继续稳居全省首位，比列第二位的宁波和第三位的绍兴分别多398.93亿元和658.4亿元，占全省房地产开发投资总额的31.6%，所占比重分别高于宁波和绍兴13.2和21.8个百分点。对全省房地产投资的拉动作用显著，拉动全省房地产投资增长11.2个百分点。杭州市房地产开发投资增速高于全省平均水平1.3个百分点，位于全省11个城市中的第五位，与上年持平。

（2）商品房销售面积降幅大于全省。2010年，杭州市商品房销售面积仍位于全省第一，但占全省的比重由上年26.3%回落至20.1%。商品房销售面积降幅分别高于全省、宁波和绍兴19.0，16.5和59.7个百分点，增速由2009年位于全省11个城市中的第五位跌至全省末位。

（二）当前房地产市场需关注的问题

1. 投资结构不够合理

2010年，杭州市房地产开发投资呈现高速增长，从房地产开发投资结构看，土地购置费成为拉动房地产开发投资迅猛增长的主要动力。全市土地购置费408.98亿元，同比增长67.7%，增幅比2009年提高22.2个百分点，对全市房地产开发投资的增长贡献率达65.7%，直接拉动全市房地产投资增长23.4个百分点。建安工程完成投资462.99亿元，同比增长22.0%，增幅低于房地产投资总额和土地购置费13.7和45.7个百分点。靠土地购置费拉动房地产开发投资增长的模式在长期来看不可持久，容易受外部因素影响。若房地产开发投资仍保持靠土地购置费用拉动的增长方式，而代表工程实际建设进度的建安工程投资乏力，长期来看会影响房地产开发投资持续增长，从而进一步影响实体经济。

2. 房地产企业资金回笼减缓

2010年，受国家一系列房地产调控政策的影响，企业资金回笼速度明显减慢。全年房地产开发企业本年到位资金达2 118.41亿元，同比增长7.1%，增幅较上年回落52.8个百分点。随着第二套住房信贷政策执行、信贷规模收紧和成交量的持续下降，本年到位资金中的定金及预收款和个人按揭贷款出现下降势头。全年商品房定金及预收款达732.26亿元，由上年同比增长107.8%转为下降0.4%；个人按揭贷款达461.52亿元，由上年同比增长124.9%转为下降5.0%。

3. 房地产业景气指数回落

杭州市统计局、国家统计局杭州调查队景气监测结果显示：2010年第4季度，全市房地产业企业景气指数为115.40，较上年同期回落23.46点。其中房地产开发投资指数为124.09，商品房销售面积指数为91.30，流动资金指数为92.36，企业融资指数为77.80，分别比2009年同期回落5.16点、22.84点、16.99点和17.52点。

（撰稿人：顾咪娜）

八、2010年广州市房地产市场运行情况

2010年，是我国房地产调控十分严厉的一年。为遏制房价过快上涨，国务院出台了一系列房地产调控政策，1月10日的“国十一条”、4月17日的“国十条”及“9·29新政”三次重拳出击，经济调控和行政监督双管齐下，从抑制需求、增加供给、加强监管等方面对中国房地产市场进行了全方位的调控。

（一）房地产开发情况

1. 亚运机遇与挑战并存，开发投资趋势先升后缓

2010年，是广州机遇与挑战并重的一年，亚运会和亚残运会顺利召开，城市建设加速发展，城市形象不断提升，投资形势整体向好。全社会固定资产完成投资3 263.57亿元，比2009年增长22.7%，其中房地产开发完成投资983.66亿元，占全社会固定资产完成投资的30.1%，拉动全社会固定资产投资增长6.3个百分点。从增长幅度上看，房地产开发完成投资同比增长20.3%，为近三年来首次突破10%的增幅，较2009年提高13.2个百分点。

从2010年各月投资变动情况看，受亚运会、亚残运会第4季度停工令的影响，前3季度广州市房地产企业加快开发进度，投资增长处于上升通道，尤其是第3季度投资同比增速均保持在23%以上，其中1—7月份增幅达到最高点，同比增长25.1%。第4季度开发项目逐渐停工，投资增速趋缓，10月、11月连续两个月增幅回落。总体而言，房地产投资形势乐观，全年投资基本都保持在15%以上的速度（见图4—18）。

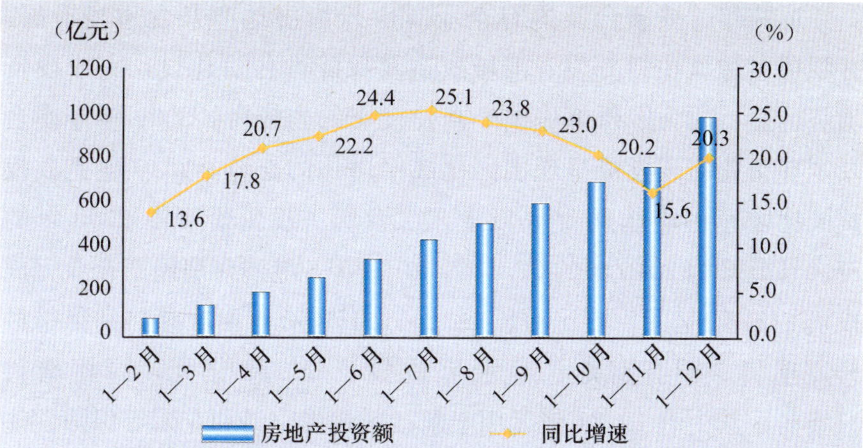

图 4—18　2010 年广州市各月累计房地产开发完成投资情况

2. 项目开发进度加快，建安工程拉动作用明显

项目开发进度的加快是广州市房地产开发投资增长的主要原因。从投资构成看，2010 年全市完成建安工程投资 666.91 亿元，比 2009 年增长 25.3%，占房地产开发投资额的 67.8%，是房地产开发投资增长的主要拉动力，拉动房地产开发投资增长 16.5%，增长贡献率达到 80.9%。其他费用完成投资 305.92 亿元，同比增长 13.3%。其中土地购置费为 154.31 亿元，同比增长 9.6%；设备购置完成投资 10.83 亿元，同比下降 28.1%。

3. 企业投资信心充分，港澳台及国有投资增势迅猛

2010 年广州市的房地产市场总体上呈现健康发展态势，住房销售主要是以刚性需求为主，房价在全国一线城市中仍属于较合理的水平。因此在国家一系列的宏观调控下，开发商对后市的信心依然充足，2010 年各类房地产开发企业完成投资均呈两位数的增长。其中，占房地产开发投资六成的民间企业，仍是房地产开发的主力，共完成投资 580.17 亿元，比 2009 年增长 13.2%，拉动全市房地产开发投资增长 8.3 个百分点。

近两年，港澳台及国有企业对广州市房地产开发市场看好，并积极参加城中村开发、旧城改造及保障性住房建设，完成投资增势迅猛，成为广州市房地产开发投资的先锋者。2009年港澳台及国有企业完成投资呈现出同比成倍增长的态势，2010年完成投资同比增速也均达到30%以上，二者所占投资份额由2008年的23.6%上升为2010年的32.6%。2010年，港澳台房地产企业完成投资248.65亿元，同比增长42.2%，其中有近两成参与到猎德村开发项目。国有房地产企业完成投资71.72亿元，同比增长31.8%，其中有19.71亿元用于新社区建设、芳和花园等保障性住房建设。

4. 住宅投资受抑制，商业地产开始发力

2010年是广州市商业地产崛起的一年。亚运的东风吹过，万达广场、万菱汇广场、高德置地四季MALL等40多个购物中心乘势而起，带动商业营业用房投资快速增长。2010年，商业营业用房和办公楼共完成投资220.75亿元，同比增长18.2%。反观一直作为房地产开发重心的住宅投资，由于是国家调控的直接对象，占房地产开发投资比重由2009年的61.4%下降为55.8%，全年共完成住宅投资548.45亿元，同比增长9.3%。

5. 企业到位资金趋紧，国内贷款成为重要保障

2010年一系列的宏观调控政策出台，商品房销售受到一定的打击，相应的企业开发资金也受到影响，全年共到位资金1 502.86亿元，比2009年增长6.0%，增幅较开发投资额增幅低14.3个百分点，资金投资比由2009年的1.73∶1下降为1.53∶1。虽然第4季度开始，商品房销售市场逐渐复苏，以定金及预付款、个人按揭贷款为主的其他资金来源得到补充，全年共吸纳回笼资金766.21亿元，较1—3季度累计增加了292.65亿元，降幅也由

1—3季度的12.0%收窄为1.9%，但对企业到位资金的消极影响仍然存在，由于其所占比重超五成，是企业到位资金收紧的主要原因。回笼资金的不足，使得国内贷款的重要性日益明显，成为宏观调控时期保障企业资金链的重要手段。国内贷款共到位资金375.00亿元，同比增长20.8%，其中银行贷款为358.90亿元，同比增长19.8%。以外资为主要资金来源的猎德村开发项目的稳步开展，使得本年利用外资大幅增长，同比增长2.4倍。企业自筹资金基本与去年持平，到位资金314.92亿元，同比增长0.9%（见表4—5）。

表4—5　　2010年广州市房地产开发资金到位情况

指标	资金（亿元）	同比（±%）	比重（%）
本年资金来源小计	1 502.86	6.0	100.0
1. 国内贷款	375.00	20.8	24.9
银行贷款	358.90	19.8	23.9
2. 利用外资	46.72	235.9	3.1
3. 自筹资金	314.92	0.9	21.0
4. 其他资金来源	766.21	−1.9	51.0
定金及预收款	475.14	5.5	31.6
个人按揭贷款	172.71	−10.8	11.5

6. 房地产开发进入高峰，项目逐渐显现规模化趋势并向周边地区辐射

2010年，广州市房地产开发进入高峰期，全市共有商品房施工面积6 464.12万平方米，比2009年增长16.4%，无论是开发总量还是增长速度均为2000年以来的历史最高点。其中，新开工部分为1 955.49万平方米，同比增长78.2%，新开工率达到30.3%，大量新开工面积的补充是拉动施工面积快速增长的主要因素。

从开发规模看，新开工面积超10万平方米的项目高达65个，较2009年多37个，新开工面积累计达到1 308.70万平方米，占

全市新开工面积的66.9%。其中，碧桂园凤凰城、东湖洲花园两个项目的新开工面积更超过50万平方米，可见房地产开发项目逐渐呈现出规模化趋势。

从项目分布情况看，中心城区新开工项目有89个，新开工面积达594.01万平方米，不到全市新开工面积的1/3。中心城区新开工面积的83.2%集中在海珠区、天河区和白云区三个区，其中海珠区和白云区两个老城区仍以住宅开发为主，天河区由于其商业中心的定位决定了其住宅与非住宅类各占半壁江山。而越秀区和荔湾区两个区，由于开发时期较长，可开发用地稀缺，未来的发展主要向旧城改造的方向进行。

周边地区房价较低、建筑物容积率较小、周边配套设施日益完善，同时轨道交通的发展也极大缩短了空间距离，多方面因素使购房者在选房时也逐渐由中心城区向周边地区转移。需求量的增多，以及可开发用地充裕、地价成本较低、发展前景较佳，使越来越多的开发商青睐在周边地区进行房地产开发。2010年，周边地区新开工面积为1 361.48万平方米，占全市新开工面积的69.6%，比重较上年上升12.3个百分点。周边地区的商业基础较中心城区弱，主要是以住宅开发为主，住宅开发占其新开工部分的75.2%。番禺区、增城市和花都区三个区域是周边地区的房地产开发重点，占其新开工面积的比重分别为28.7%，24.6%和21.5%（见表4—6）。

表4—6　　2010年广州市房地产新开工项目分布情况

	项目个数	新开工面积（万平方米）	住宅	办公楼	商业营业用房	其他房屋
1. 中心城区：	89	594.01	290.23	72.67	89.24	141.87
荔湾区	14	57.97	31.22	1.48	10.93	14.34
越秀区	9	41.88	19.04	13.14	4.13	5.57
海珠区	22	124.31	48.89	13.12	27.59	34.71
天河区	22	203.09	66.56	43.13	37.73	55.67
白云区	22	166.76	124.52	1.8	8.86	31.58

续前表

	项目个数	新开工面积（万平方米）	住宅	办公楼	商业营业用房	其他房屋
2. 周边地区：	159	1 361.48	1 023.52	16.44	103.14	218.38
黄埔区	2	5.31	4.31	0.0	0.66	0.34
番禺区	48	391.35	269.16	1.07	21.95	99.17
花都区	33	293.04	230.88	0.08	19.54	42.54
南沙区	16	141.80	119.12	5.75	4.3	12.63
萝岗区	6	54.68	31.81	5.5	6.17	11.2
增城市	29	334.65	266.76	0.73	27.33	39.83
从化市	25	140.65	101.48	3.31	23.19	12.67

7. 宏观调控加强，一、二手商品房交易均受影响

前三季度，受国家宏观政策相继出台影响，购房者对后市保持观望态度，广州市商品房销售一直处于下降区间。第4季度开始，开发商大量推货，房价逐渐趋稳，刚性需求有一定的释放，商品房销售市场逐步复苏。2010年销售商品房屋1 405.13万平方米，比2009年增长2.2%。现房销售面积为283.35万平方米，同比下降22.7%；期房销售面积为1 121.78万平方米，同比增长11.2%。以万达广场、万菱汇为代表的商业地产均表现出色，销售量远超10万平方米，以亚运城、碧桂园凤凰城、翡翠绿洲和碧桂园豪园为代表的大型住宅社区销量更超20万平方米，尤其是亚运城的开售引起的看楼狂潮，将其推至销量的榜首。

国家宏观调控政策不仅对新建商品房市场产生影响，其影响力同样蔓延到二手房屋交易市场。从十区（不含增城市、从化市）二手房屋交易数据可以看出，住宅交易是二手房屋交易的核心，其交易宗数和交易面积均占八成以上。住宅交易量的萎缩，直接带来了二手房交易市场的冷清。十区共完成二手房交易109 273宗，较2009年减少13 308宗，主要是由住宅交易减少15 512宗造成的，商业营业用房和办公楼则略有增加。二手房交易面积为1 082.19万平方米，同比下降8.5%；交易金额达581.80亿元，

同比增长0.2%。二手房销售量下降的同时，交易单价有所回升，全年交易均价为5 376元/平方米，较2009年增加了468元/平方米，增长了9.5%（见表4—7）。

表4—7　　2010年广州市十区二手房交易情况

指标	单位	二手房屋交易			住宅		
		2010年	2009年	同比（±%）	2010年	2009年	同比（±%）
宗数	宗	109 273	122 581	−10.9	95 939	111 451	−13.9
面积	万平方米	1 082.19	1 182.55	−8.5	825.42	958.74	−13.9
金额	亿元	581.80	580.39	0.2	437.65	460.20	−4.9
均价	元/平方米	5 376	4 908	9.5	5 302	4 800	10.5

资料来源：广州市国土资源和房屋管理局。

8. 可售住宅增加，办公楼及商铺供不应求

根据广州市国土资源和房屋管理局资料，2010年底广州市十区商品房可售面积（在批准预售范围内未销售的新建房屋）为909.64万平方米，较2009年同期增加128.31万平方米，增幅为15.0%。在开发商加速推盘和消费者谨慎购房的双重作用下，2010年底广州市十区住宅可售面积为391.64万平方米，同比增长24.3%，较2010年6月末增加了33.73万平方米。多套房首付提高和限购令出台，促使投资性购房者逐渐转向未受中央政策调控的非住宅类商品房，使得办公楼和商业营业用房供不应求，令其可售面积逐渐消化。其中，2010年底广州市十区商业营业用房可售面积为108.51万平方米，同比下降8.4%；办公楼可售面积为74.55万平方米，同比下降8.6%。

9. 保障性住房建设火热，城市改造初见成效

2010年是广州市历史上保障性住房投入力度最大的一年，广州市通过多渠道筹集资金和安排建设用地，保证了保障性住房的顺利开展。全年新建保障性住房300万平方米、4万套，其中廉租

房为 150 万平方米、2.3 万套；经济适用房和经济租赁住房为 150 万平方米、1.7 万套。全市完成经济适用房投资 17.69 亿元，同比增长 1.7 倍；施工面积达 52.50 万平方米，同比增长 14.7%；销售面积为 52.53 万平方米，同比增长 1.3 倍；销售金额为 23.12 亿元，同比增长 1.7 倍。全市的 77 177 户低收入住房困难家庭中，有 85%的住房问题得到解决。同时，2010 年储备保障性住房用地超过 300 万平方米，为未来保障性住房持续供应提供了有力保证。

城市改造初见成效，居民生活环境有所改善。全市批复旧厂房改造项目有 38 个，涉及用地面积 191.34 公顷。完成城中村改造方案的审批 15 个，其中猎德村复建安置房已完工、入住；林和、琶洲村已清拆完毕；杨箕、小新塘村一期已基本拆平；文冲、冼村已着手清拆；三元里等村已开始签订拆迁安置补偿协议；黄埔古村、裕安围村已进行保护性改造。

（二）当前广州市房地产市场应关注的主要问题

2010 年初以来，国家及地方政府连续出台了一系列宏观调控措施，对整个房地产市场的健康发展产生了积极的影响，但行业中的一些矛盾和问题仍较突出，一些情况应予关注。

1. 住宅开发结构性矛盾日益加剧

二套房首付上升，三套以上房屋限贷、限购令的出台，房地产信贷政策趋紧，在抑制了消费者的购房需求的同时，也加大了改善性购房的难度，首次置业者更倾向于选择一步到位的大户型住宅，大户型住宅需求量增加。从 2010 年住宅施工情况看，90 平方米及以下的中小户型住宅的施工面积为 1 138.30 万平方米，仅占住宅施工总面积的 28.6%，而且新开工面积中 90 平方米及以下住房的比重更下降为26.7%。与此同时，新开工面积中140平方米以上住房达到484.63万平方米，同比增长1.2倍，比重攀升到36.9%，比上年同期提高4.7个百分点。在新开工住宅向超大户型倾斜的影响下，140平方米以上住宅施工面积为1 410.39万平方米，同比增长19.7%，比重上升为36.1%。由此可见，住宅供应结构性矛盾日益加剧，开发企业更热衷于高档、大面积住宅的开发，市面上一手中小户型住宅供应量日渐不足，购房者置业压力增大（见表4—8）。

表4—8　　2010年广州市住宅施工情况

指标	施工面积			新开工面积		
	面积（万平方米）	比重（%）	比重同比（±百分点）	面积（万平方米）	比重（%）	比重同比（±百分点）
住宅	3 983.84	100.0	0.0	1 313.76	100.0	0.0
90平方米及以下	1 138.31	28.6	−1.4	370.70	28.2	−0.9
90～140平方米	1 435.14	36.0	0.2	458.43	34.9	−3.8
140平方米以上	1 410.39	35.4	1.3	484.63	36.9	4.7

2. 土地供应量不足，土地成本上升较快

2010年上半年，广州市土地拍卖市场较为冷清，接近年底土地拍卖市场才初现升温的态势，但总体上全年土地供应仍显不足。广州市国土资源和房屋管理局资料显示，2010年广州市十区土地成交面积仅为512.49万平方米，较2009年减少了684.47万平方米，还不到2009年成交面积的一半。其中，住宅用地供应量减少最为明显，由2009年的成交面积1 039.39万平方米减少为265.88万平方米，同比下降74.4%。土地供应量的减少对房地产可持续发展及后市商品房的稳定供应将产生一定的消极影响。

从成交地块的分布情况看，土地交易主要集中于番禺区、萝岗区、荔湾区、白云区的白云新城、海珠区的琶洲等几个区域。

其中，近年土地放量较少的荔湾区成为土地交易的热点，旧龙溪路5幅地块成功出让，氮肥厂地块也有5万平方米的交易，而堪称“巨无霸”的广铁南站地块占地逾26万平方米，将为荔湾区的商品房交易市场提供有力补充。

从土地成本看，2010年土地出让金额为302.68亿元，土地成交单价为5 906元/平方米，单价较2009年增加了1 183元/平方米，增长25.1%。2010年11月1日，越秀区下塘西地块拍出12 422元/平方米，楼面地价2010年年内首次突破万元。11月底广铁南站地块万元起拍，最终以楼面地价17 276元/平方米成交。12月16日，白云新城4幅地块扎堆出让，广州地王在半小时内被保利地产两度刷新，新地王楼面价达20 605元/平方米，广州市土地拍卖市场楼面地价首次突破2万元/平方米大关。土地价格的上涨直接提高了企业的开发成本，同时拉高周边房屋交易市场的价格，对政府稳定房价不利。

3. 商业地产供应量仍显不足，开发速度需要加快

凭借亚运会的契机，城市基础建设快速发展。2010年广州市在民生和公共事业方面共投入48.9亿元，白云国际机场和广州港的扩建、广州南站的投入使用、武广高速铁路的通车及轨道交通线网覆盖范围的扩大为广州市的商业、旅游业发展带来了机遇。在此机遇下如何调整三大产业结构，加快产业转型，完善现代服务业为主导的现代产业体系建设，促进商业地产的蓬勃发展成为广州市未来发展的重要方向。商业地产的发展，必将吸引部分投资性、投机性购房者从住宅交易市场转向非住宅交易市场，对国家稳定住宅交易价格产生正面影响。从2010年土地市场交易情况看，土地供应已开始向商业用地和商务金融用地倾斜。在土地出让总量萎缩的情况下，十区的土地拍卖中有246.61万平方米为商业用地和商务金融用地，所占比重由2009年的14%激增为48%，

未来的商业地产发展形势乐观。但就目前商业地产的供应看，供应量仍显不足，开发进度需要加快。2010年，办公楼和商业营业用房施工面积为1 391.30万平方米，占全市施工面积的21.5%，较2009年下降0.8个百分点。其中，新开工的1 955.49万平方米中，办公楼和商业营业用房占281.48万平方米，比重不足两成，仅有14.4%。

(三) 2011年影响房地产市场因素分析

1. 新政出台，调控趋紧，购房需求将被抑制

2011年临近新年，国务院出台了新“国八条”政策，国家对打压房价的决心异常坚定，对房地产市场的宏观调控逐步升级。

在抑制购房需求方面，新“国八条”首先对贷款购买第二套住房的家庭，首付款比例由原来的不得低于50%提高到60%，贷款利率不低于基准利率的1.1倍。二套房购房门槛提高，购房负担加大，贷款购房者的置业成本上升。

其次，调整个人转让住房营业税政策，对个人购买住房不足5年转手交易的，统一按销售收入全额征税。由于我国房地产交易市场仍属于卖方市场，二手房交易产生的一系列税费均由买方支付，二手房交易成本提高。

同时，新“国八条”也加强了对购房需求的引导。对房价过高、上涨过快的城市，要求在一定时期内严格执行已有1套住房的当地户籍居民家庭、能够提供当地一定年限纳税证明或社会保险缴纳证明的非当地户籍居民家庭，限购1套住房；对已拥有2套及以上住房的当地户籍居民家庭、拥有1套及以上住房的非当地户籍居民家庭、无法提供一定年限当地纳税证明或社会保险缴纳证明的非当地户籍居民家庭，暂停在本行政区域内向其售房。即在广州市原有限购令（户籍家庭和常住非户籍家庭只能新购一套商品

房）的基础上，把拥有 2 套房及以上置业者划分在购房范围之外，符合购房资格的范围收窄。

在多重住房需求调控的作用下，2010 年春节期间房管局网签情况较为冷清，2 月 2—7 日广州市一手住宅网签量仅有 47 套，平均日成交量约 8 套。2011 年，国家调控政策力度加大，投资者和开发商都会更加小心谨慎，观望情绪会维持一段时间，商品房销售市场将会有所降温。

2. 银行信贷收紧，促开发商加快推货

中国人民银行自 2011 年 2 月 9 日起上调金融机构人民币存贷款基准利率，金融机构一年期存贷款基准利率分别上调 0.25 个百分点，其他各档次存贷款基准利率相应调整。2010 年的多次上调准备金及加息，已经对房地产开发企业的资金链产生一定的压力，此次调整将会使企业的融资压力加大，对促使企业加快销售进度，打击开发商捂盘惜售起到一定的积极作用。

3. 土地供应力度加大，土地市场日益规范

从 2010 年已推出的住宅用地和 5 月份公布的 2010 年土地出让计划表对比可以看出，仍有大量城中心优质地块尚未推出，包括一些越秀流花路和白云路地块、荔湾区大坦沙地块、奥体中心周边地块等，将为 2011 年的土地交易市场带来生机。同时，房地产新政要求 2011 年的商品住房用地供应计划总量原则上不得低于前 2 年年均实际供应量，也使 2011 年成为房地产企业补充储备开发用地的有利时机。从 2011 年广州土地市场“第一拍”——杨箕村改造项目的公开出让情况看，富力地产以 4.73 亿元的土地出让金加上 18.8 亿元的底价获得，可以看出政府已经在做市场“龙头”价格的调控工作，从压抑土地出让获利的动机开始，控制好出让地价的涨幅，防止竞价拍卖出来的天价“地王”严重误导市场预期。

（撰稿人：谢璇　刘志军　朱展翔）

九、2010年深圳市房地产市场运行情况

(一) 2010年房地产市场运行基本情况

1. 房地产开发投资小幅增长，商品房建设规模不同程度下降

2010年，深圳市完成房地产开发投资458.47亿元，比2009年增长4.8%。其中，完成住宅投资304.89亿元，同比增长5.2%；商品房施工面积为2 939.49万平方米，同比下降5.5%，其中，住宅施工面积为2 025.14万平方米，同比下降3.0%；商品房竣工面积为344.43万平方米，同比下降14.3%，其中，住宅竣工面积为251.11万平方米，同比下降6.8%；商品房新开工面积为470.69万平方米，同比下降3.8%，其中，住宅新开工面积为355.17万平方米，同比增长8.3%（见表4—9）。

表4—9　2000—2010年深圳市房地产开发投资完成情况

指标	2000年	2001年	2002年	2003年	2004年	2005年	2006年	2007年	2008年	2009年	2010年
房地产开发投资额（亿元）	260.97	315.64	388.44	412.66	434.24	423.69	462.09	461.04	440.49	437.46	458.47
同比增长（%）	—	20.9	23.1	6.2	5.2	−2.4	9.1	−0.2	−4.5	−0.7	4.8

表4—9中的数据显示，2010年全市完成的房地产开发投资已接近历史最高年份的2006年。

2. 商品房销售持续大幅下降

2010年，全市商品房销售面积为465.59万平方米，比2009年下降38.9%。其中，期房销售面积为342.06万平方米，现房销售面积为123.53万平方米，分别同比下降35.4%和46.9%。全市商品住宅销售面积为413.80万平方米，同比下降42.3%。其中，

期房销售面积为318.83万平方米，现房销售面积为94.97万平方米，分别同比下降37.5%和54.3%。

在全部房屋销售面积中，按用途分依次为：住宅销售面积占88.9%，同比下降38.9%；办公楼销售面积占3.6%，同比下降42.3%；商业用房销售面积占4.4%，同比下降23.6%；其他销售面积占3.1%，同比增长21.1%（见表4—10）。

表4—10　　2010年深圳市商品房、商品住宅销售面积分月情况

2010年	1—2月	1—3月	1—4月	1—5月	1—6月	1—7月	1—8月	1—9月	1—10月	1—11月	1—12月
商品房销售面积（万平方米）	47.40	78.36	145.52	181.57	203.16	218.81	259.54	318.07	369.87	407.98	465.59
同比增幅（%）	−51.5	−57.5	−42.3	−47.2	−52.2	−55.5	−52.2	−44.9	−42.0	−42.2	−38.9
其中：住宅（万平方米）	43.47	73.14	137.24	166.05	177.87	191.70	229.55	277.86	327.77	362.80	413.80
同比增幅（%）	−51.0	−57.6	−42.8	−48.9	−55.4	−58.5	−55.1	−49.0	−45.7	−45.4	−42.3

3. 商品房销售价格不断增长

从各月商品房销售价格走势来看，呈现年初高扬，中间平缓，年末略有增长的态势。

根据国家统计局公布的全国70个大中城市商品房销售价格调查统计，2010年1—12月深圳商品房销售价格同比涨幅分别为120.6%，120.9%，120.1%，117.9%，114.2%，110.6%，106.6%，103.7%，103.3%，103.1%，102.0%和101.4%，各月均呈上涨态势。

4. 特区外销售规模进一步扩大，普通住宅是市场主体

从商品房销售区域看，2010年特区外商品住房销售面积为308.73万平方米，占全市销售总量的74.6%；销售套数为35 618套，占全市销售总量的75.8%。两者比2009年分别提高了12.2和15.5个百分点，这也是自2006年以来连续五年特区外的销售量

大于中心城区，表明近年来商品住宅的销售区域主要在特区外。

从全市住房销售面积结构来看，小户型仍是主体。2010年全市90平方米及以下住房的销售面积为278.39万平方米，同比下降27.9%；销售均价为16 722元/平方米，同比上涨38.3%。虽然销售面积同比有所下降，销售均价不断上涨，但销售面积仍占全市住房销售总面积的67.3%，销售套数占全市住房销售总套数的81.9%，因此普通小户型住房仍是商品住房销售的主体。

（二）2010年房地产市场的几点分析

2010年全市房地产开发投资额呈小幅增长，总量已接近历史最高水平，但商品房销售却出现持续大幅下降的势头，全年有5个月的同比下降幅度超过50%，为历年之最。

从商品房开发投资的角度来看，投资额的持续增加是由房地产开发投资活动的周期性所决定的，不完全受市场因素的影响。虽然销售市场极不景气，但在建项目资金的投入仍必须是持续和渐进的，2010年全年新开工面积占施工面积的16.0%，总体的供需走势仍然看好。随着我国经济的不断发展，以城市为中心带动和促进农村经济发展，消化和转移大量剩余农业人口，已成为缩小城乡差别，促进社会和谐发展的重要途径。因此，在相当长的时间里，城市住房建设依然是城市经济发展的一个重要环节。

从销售情况来看，2010年全年的商品房销售量仅为2009年的40%左右，是自2000年以来10年中的最低值。按销售的区域分，周边地区（特区外）仍是销售的主体，中心城区销售面积只占全市销售总量的25.4%。值得关注的是，在商品房销售量锐减的同时，销售价格仍在不断增长。从全年的商品房销售价格指数的增长来看，第1季度的增幅最高，达到120.1%，第2季度在110.6%，第3—4季度分别为103.3%和101.4%。房价的不断增长在一定程度上导致投资、投机需求再度抬头，而普通百姓的居住性需求仍被排挤在外。

2009年以来，国家为抑制快速增长的房价，不断推出一系列控制房价的宏观调控政策，虽对房价快速增长起到一定的抑制作用，但仍不能从根本上解决房价的增长问题。主要表现为：一是每逢调控政策出台，房价的增长势头虽得以控制，但价格仍在高位徘徊，调控政策也只是起到抑制增长势头的作用。二是调控政策的周期性明显，每逢新政策出台，房价的增长虽在一定时期内得以控制，但随着时间的推移，房价又回到了增长态势，形成了“政策来了，房价停止增长；政策过去了，房价继续增长”的现象。三是调控政策没有起到促使房价下降的作用，从全年各月的销售价格指数来看，最低的12月份也在101.4%。房价上涨过快和长期高位运行加剧了需求型购房的困难，也不利于改善民生和促进社会的和谐发展。

（撰稿人：吴斌）

十、2010年武汉市房地产市场运行情况

2010年，武汉市经济持续快速发展，人民生活水平明显提高，房地产市场也继续保持良好的运行态势。武汉市积极贯彻落实国家宏观调控措施，制定出台了一系列房地产政策，从而确保了房地产市场的健康稳定发展。房地产开发投资较快增长，施工、新开工规模继续扩大，商品房销售继续保持平稳，促进了人民住房条件的改善，为整个武汉经济又好又快发展做出了积极的贡献。

（一）房地产开发投资总体继续保持较快增长

2010年以来，武汉市房地产开发投资总体保持较快增长的势

头。全市全年房地产开发完成投资 1 017.4 亿元，同比增长 30.7%，增幅比 2009 年下降 8.2 个百分点。结合 2010 全年房地产月度数据来看，房地产开发投资作为全社会投资的一部分对全社会投资起到了很好的带动作用，二者都呈现前高后低的态势，并且房地产开发投资由年初 90%的高增长率逐步调整至 30%的水平，这在一定程度上体现了此轮房地产政策调控的效果（见图 4—19）。

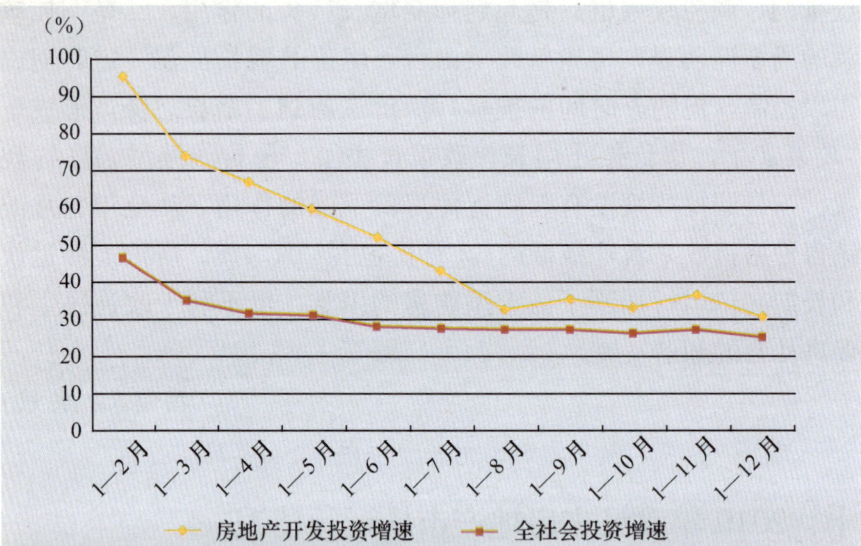

图 4—19　2010 年武汉市房地产开发投资增速与全社会投资增速

分房屋用途看，住宅完成投资 595.3 亿元，同比增长 19.5%。其中，90 平方米及以下完成投资 287.1 亿元，同比增长 47.1%；140 平方米以上完成投资 74.5 亿元，同比增长 22.7%；经济适用房完成投资 30.5 亿元，同比下降 48.7%；别墅、高档公寓完成投资 31.0 亿元，同比下降 2.4%。办公楼完成投资 26.5 亿元，同比增长 36.8%。商业营业用房完成投资 102.5 亿元，同比增长 33.1%。

（二）施工、新开工规模继续扩大

伴随着开发投资的快速增长，武汉市房地产开发企业房屋施工规模继续扩大。2010年，全市房屋施工面积为5 068.4万平方米，比上年增长12.9%。其中，住宅施工面积为3 811.6万平方米，占房屋施工面积的75.2%，同比增长6.4%；办公楼施工面积为170.3万平方米，同比增长6.8%；商业营业用房施工面积为466.6万平方米，同比增长31.6%。2010年，全市房地产新开工面积为2 626.3万平方米，比上年增长59.1%。住宅新开工面积为1 931.5万平方米，同比增长54.8%。新开工面积的大幅增长为当年以及下一年度的开发投资增长奠定了基础。结合近几年的房屋施工面积以及新开工面积情况，自2005年以来武汉房屋施工面积与新开工面积都保持了一种持续上升的态势，表明武汉房地产市场开发规模不断扩大（见图4—20）。

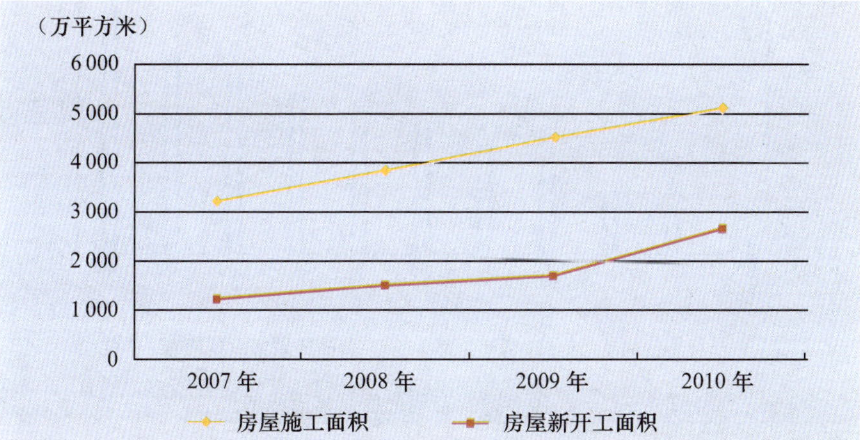

图4—20 2007—2010年武汉市房屋施工面积与房屋新开工面积走势

（三）房地产开发资金情况良好

2010年，全市房地产开发资金来源总量为1 698.9亿元，同比增长27.1%，增幅略低于房地产开发投资完成额。其中，上年结余资金为249.2亿元，同比增长79.1%；本年资金来源为1 449.7亿元，同比增长21%。在本年各类资金来源中，国内贷款为292.9

亿元，同比下降 6.5%；自筹资金为 490.3 亿元，同比增长 45.7%；定金及预收款为 324.2 亿元，同比增长 2.7%。

（四）商品房销售总体平稳

2010 年，全市商品房销售面积为 1 208.0 万平方米，比上年增长 11.1%。全市商品房销售金额为 694.7 亿元，比上年增长 19.9%。商品房销售面积以及商品房销售金额继续保持增长的势头，除 3—5 月增长较快外，其余月份基本保持平稳（见图 4—21）。

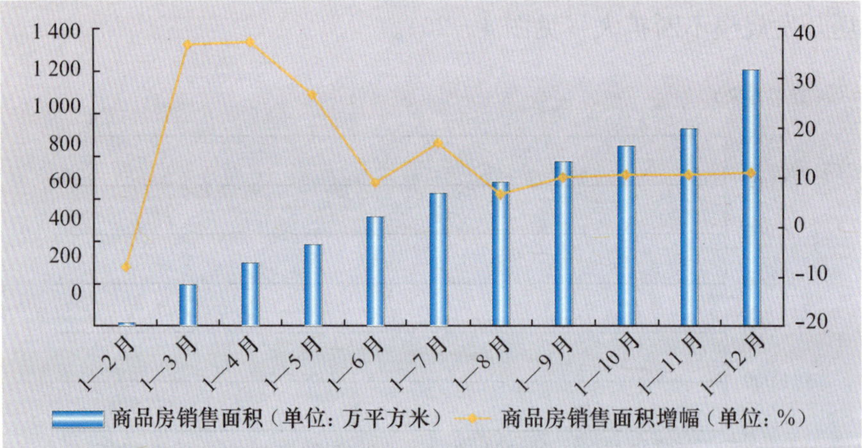

图 4—21　2010 年武汉市商品房销售面积增长情况

从销售商品房用途来看，住宅销售面积为 1 091.5 万平方米，比上年增长 4.8%。其中，经济适用房销售面积为 56.7 万平方米，同比下降 44.9%；别墅、高档公寓销售面积为 60.0 万平方米，同比增长 40.6%。办公楼销售面积为 20.9 万平方米，同比增长 117.2%；商业营业用房销售面积为 50.6 万平方米，同比增长 97.7%。住宅销售面积所占比重最大，达到 90.36%，办公楼销售面积所占比重最小，仅占 1.73%（见图 4—22）。

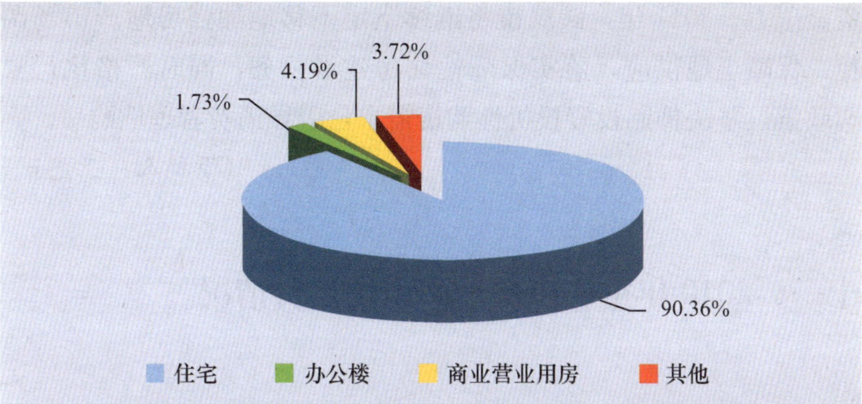

图4—22 2010年武汉市按用途划分的商品房销售面积占比

从销售商品房户型结构来看，90平方米及以下销售面积为364.9万平方米，同比下降10.6%；140平方米以上销售面积为186.4万平方米，同比增长18.2%（见图4—23）。

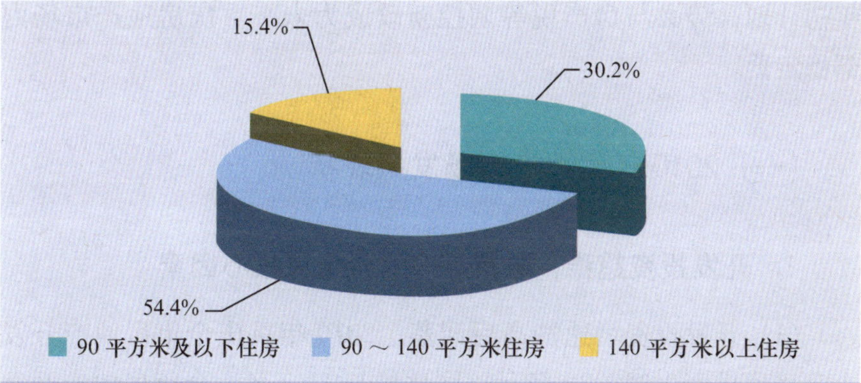

图4—23 2010年武汉市按户型结构划分的商品房销售面积占比

（五）2011年房地产市场展望

总的来看，武汉市房地产市场总体处于健康平稳发展的态势。近期央行通过加息和提高存款准备金率，抑制流动性过剩和信贷增长过快。房地产信贷将进一步收紧，房地产市场将面临较大的资金压力。2011 年，武汉市将继续坚定不移地加强房地产市场调控，保障土地供应，落实保障性住房建设任务，同时严格执行限购政策，坚决抑制投资投机性购房需求，引导消费者理性购房。

（撰稿人：王志斌）

十一、2010 年重庆市房地产市场运行情况

2010 年，房地产市场再次成为政策调控重点，国土部、国资委、住建部、监察部及银监会等部门从行政措施到经济手段联合并用，综合调控力度空前。重庆市房地产开发市场在“低端有保障、中端有市场、高端有约束”的政策目标主导下，开发建设、市场销售等状况均从宽幅波动中渐趋平稳，公租房建设超额完成年初计划，势必与房产税等调控新政成为未来重庆房地产市场内部稳定器。

（一）2010 年房地产市场发展现状

1. 开发投资趋稳，政策扼守房价上涨核心因素

（1）开发投资增速冲高后回落。2010 年重庆全市房地产开发企业完成投资 1 620.26 亿元，同比增长 30.8%。全年房地产开发投资增速变化主要经历了冲高、回落及趋稳三个阶段：首先是年初至 5 月开发投资增速快速提高，从 32.8%提高至 44.1%；然后是 6—9 月增速回落阶段，自年度峰值回落 9.2 个百分点至 34.9%；最后是第 4 季度振幅收窄阶段，开发投资增速渐趋平稳，全年增速较前三季度回落 4.1 个百分点。由此可见，2010 年 4 月 15 日的“国十条”及其相关调控措施与 9 月 29 日的“国五条”成为稳定房地产开发市场的关键因素，全市房地产开发市场变化形

势与健康发展的政策调控目标相适应（见图 4—24）。

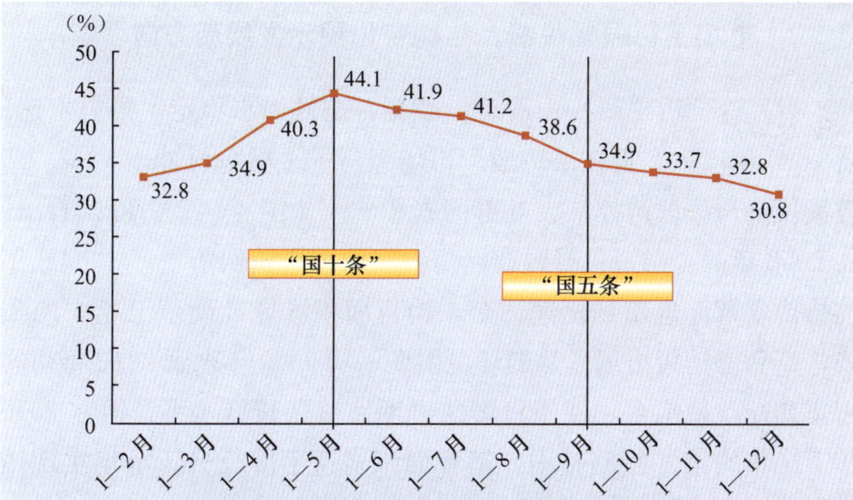

图 4—24　2010 年重庆市房地产开发投资增速情况

（2）土地供给平稳充足，政策扼守房价上涨核心因素。在全国各城市“地王”频现、地价快速上涨的 2010 年，重庆市未现一宗“地王”项目，土地供给平稳充足。2010 年，全市房地产开发企业本年购置土地面积为 1 368.22 万平方米，同比增长 11.5%，土地成交价款为 232.02 亿元，较 2009 年回落 18.2%。5 月 21 日，重庆市配合“国十条”政策出台的调控细则——《重庆市人民政府办公厅关于进一步促进房地产市场平稳健康发展的实施意见》中，“严禁向别墅供地，并将高档住房土地增值税预征率上调到 2%”，以及“从严控制商品住房项目单宗土地出让面积”两项政策，把握了“地价推高房价”的关键，体现出健康发展房地产市场的决心及政策调控的精准。

（3）“一圈”增长平稳，“两翼”高速跟进。分区域来看，2010 年一小时经济圈完成开发投资 1 454.95 亿元，同比增长 28.6%，其中，主城九区完成投资 1 111.49 亿元，同比增长 19.6%。“两翼”房地产开发高速发展，渝东北翼开发投资完成额为 106.58 亿元，同比增长 41.1%；渝东南翼完成投资 58.72 亿元，同比增长84.8%，高速跟进趋势较为突出。

2. 市场销售振幅收窄，结构变化预示发展新方向

（1）外部因素影响力度逐渐减弱，刚性需求稳定，销售增速。自2008年以来，重庆市房地产市场经历了金融危机冲击、“救市”政策扶持与严厉调控三大外部因素影响。从图4—25中可以看出，在2008年的金融危机导致商品房销售面积快速回落之后，2009年的扶持政策促进市场迅速回暖，销售面积增速冲高至三年中的顶峰，商品房销售市场过热的环境引发了从2009年末到2010年初的密集调控政策出台，使销售增速再度回落至较低水平，但在2010年下半年的第二轮调整中，销售面积增速不降反升，全年实现销售面积4 314.39万平方米，同比增长7.8%，较前三季度加快2.5个百分点。以“两江新区”为标志的各项发展机遇为全市房地产市场提供了较为强劲的刚性需求增长，外部因素影响力度有所减弱。

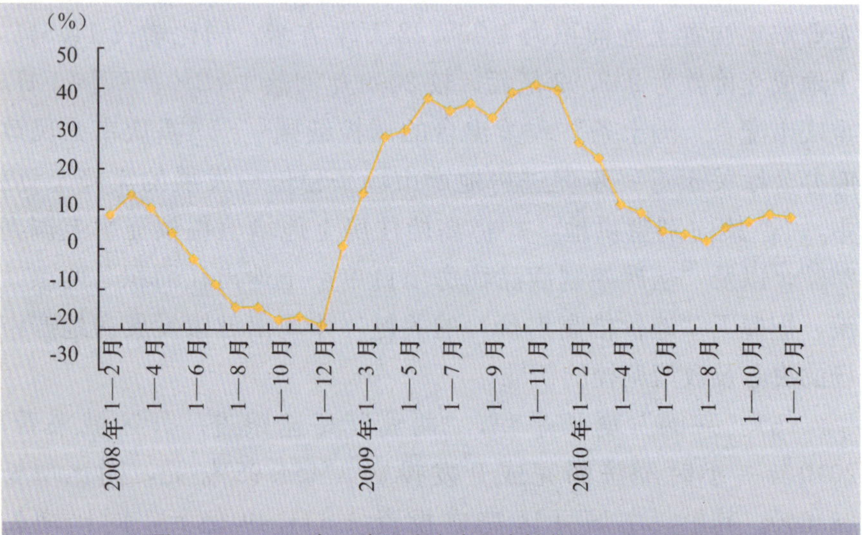

图4—25 2008年以来重庆市商品房销售面积同比增速

（2）“二环八射”影响市场区域格局，催生市场新热点。分区

域情况看，“二环八射”的快速建设对重庆全市商品房销售市场格局产生较大影响。首先是外环高速通车对主城周边区县的区位优势提升可谓立竿见影。占全市商品房销售面积比重达 79.3%的一小时经济圈中，主城九区 2010 年销售面积为 2 014.96 万平方米，较 2009 年减少 4.9%，而其他区县全年共计实现销售面积为 1 408.11 万平方米，同比增长 20.2%，占全市比重为 32.6%，较 2009 年提高 3.3 个百分点。外环通车大幅拉近主城与周边区县的交通距离，所辐射区域正在形成重庆房地产市场新热点。然后是“八射”的陆续通车激发“两翼”的高速增长。其中，2010 年全年渝东北翼商品房销售面积为 740.08 万平方米，同比增长 23.9%，较全市增速高 16.1 个百分点；渝东南翼商品房销售面积为 151.24 万平方米，同比增长 32.4，较全市增速高 24.6 个百分点。

（3）城市定位提升，办公楼及商业营业用房销售大幅增长。从市场需求结构看，重庆作为西部唯一的直辖市，目前处于历史上最好的发展时期，“三号文件”、两江新区设立、城市化进程战略的加速实施以及新型工业化和城乡统筹一体化的不断升级、对外开放水平和市场化程度的逐步提高等，诸多因素形成强大合力，导致 2010 年全市非住宅类商品房销售大幅增长，其中办公楼销售面积为 62.60 万平方米，同比增长 114.8%；商业营业用房销售面积为 194.25 万平方米，同比增长 23.6%。

3. 资金到位状况

（1）资金充裕度创历史新高。2008 年金融危机之后，重庆市房地产市场于 2009 年起快速复苏，两年来累计销售面积达 8 317.28 万平方米，实现销售额 3 224.70 亿元，较同期开发投资总额多 365.53 亿元，现金流的快速回笼为全市房地产开发企业资金循环投入提供强劲保障。2010 年，以定金及预收款和个人按揭贷款为主的其他资金为 1 505.89 亿元，同比增长 60.4%，占当年到位资金比重为52.7%，推动开发企业本年到位资金增长54.7%，达2 859.53亿元。而本年房地产开发企业全部资金来源更是突破3 000亿元大关，达3 439.37亿元，同比增长56.1%，开发投资资金到位率为212.3%，自1990年以来首次突破200%，创历史最高水平（见表4—11）。

表4—11　　1990年以来重庆市房地产开发投资资金来源情况

年份	本年完成投资总额（亿元）	资金来源（亿元）	资金到位率（%）
1990	1.75	1.76	100.4
1991	1.92	1.80	94.0
1992	3.39	3.31	97.9
1993	12.32	10.72	87.1
1994	27.91	37.80	135.4
1995	46.88	61.21	130.6
1996	55.62	83.67	150.4
1997	67.50	106.08	157.1
1998	97.30	139.13	143.0
1999	112.51	150.40	133.7
2000	139.63	178.50	127.8
2001	196.67	237.40	120.7
2002	245.91	314.82	128.0
2003	327.89	479.35	146.2
2004	405.08	622.01	153.6
2005	517.73	881.94	170.3
2006	629.63	998.54	158.6
2007	849.90	1 554.67	182.9
2008	991.00	1 559.56	157.4
2009	1 238.91	2 202.67	177.8
2010	1 620.26	3 439.37	212.3

（2）资金结构变化亟待关注。从资金来源结构看，2010年重庆市房地产开发企业本年到位资金中，国内贷款为584.72亿元，同比增长76.0%，占本年到位资金比重为20.4%，较2009年提高2.5个百分点；利用外资83.93亿元，同比增长126.7%，占本年

到位资金比重的 2.9%，较 2009 年提高 0.9 个百分点；企业自筹资金 685.00 亿元，增长 26.8%，占本年到位资金比重的 24.0%，较 2009 年下降 5.3 个百分点；其他资金为 1 505.89 亿元，增长 60.4%，占本年到位资金比重的 52.7%，较 2009 年提高 1.9 个百分点。全市房地产开发企业资金来源中贷款比重提高，自筹资金比重下降，对以定金及预收款和个人按揭贷款为主的其他资金依赖度进一步提高，市场销售状况的变动趋势将对企业资金保障产生越来越重要的影响，同时国内贷款与个人按揭贷款在资金来源中的比重由 2009 年的 36.5%提高到 38.1%，市场风险正在向金融机构转移。

4. 商品房建设进展状况

（1）公租房建设超额完成任务。2010 年，作为全市关注民生、落实住房保障的公共租赁住房建设年初计划开建 500 万平方米，后期保障政策力度加强提高至 750 万平方米，全年全市公租房建设超额完成计划，新开工面积达到 1 300 万平方米，占全市新开工面积的比重为 20.6%，成为全市潜在住宅供给的重要增长点，已完成开发投资 52.29 亿元。

（2）未来供给大幅增长。在公租房建设的大力推动下，2010 年全市商品房施工、新开工面积大幅增长，未来商品房供给预期不断向好。全年全市商品房施工面积为 17 138.50 万平方米，同比增长 31.3%，其中住宅施工面积为 13 744.78 万平方米，同比增长 33.0%；新开工面积为 6 312.64 万平方米，同比增长 65.5%，其中住宅新开工面积为 5 268.76 万平方米，同比增长 76.2%。受施工周期及 2009 年基数影响，商品房竣工面积略有回落，全年商品房竣工面积为 2 626.59 万平方米，同比下降 9.6%，其中住宅竣工面积为 2 179.81 万平方米，同比下降 8.6%。

（3）“一圈”仍将保持商品房建设“龙头”地位。分区域来看，一小时经济圈中主城九区 2010 年开建的公租房推动商品房新开工面积大幅增长，支撑一小时经济圈继续保持商品房建设的“龙头”地位。2010 年，“一圈”商品房新开工面积为5 339.19万平方米，同比增长 75.8%，其中，主城九区商品房新开工面积为 3 348.93 万平方米，同比增长 64.5%。“两翼”商品房建设仍然保持较快增长态势。渝东北翼 2010 年商品房施工面积为 1 745.29 万平方米，同比增长 28.0%；新开工面积为 620.96 万平方米，同比增长 17.3%。渝东南翼施工面积为 817.32 万平方米，同比增长 68.8%；新开工面积为 351.80 万平方米，同比增长 42.3%。

（二）市场前景分析

2010 年底 2011 年初，各项房地产市场调控相关政策再次密集出台。货币政策由适度宽松转向稳健，大型金融机构存款准备金率提高至 20.5%，创 1985 年以来最高水平的同时，在 2011 年 1 月份出台的“新国八条”和重庆市房产税实施细则以及公租房建设进度将成为影响全市房地产市场发展前景的主要因素。

1. 宏观调控政策是限制炒房投机需求的有力手段

对比 2009 年初以来的各项调控政策，2011 年新年伊始的“新国十条”除持续强调地方责任、问责机制、用地供应管理及保障房建设等各项措施外，更为直接的调控手段落脚于强化差别化住房信贷和限购政策。二套房贷首付比例与贷款利率的同时提高，以及对当地户籍居民与非户籍居民差异化的限购政策，有利于限制本地区及跨地区炒房投机需求，有利于保证供给与刚性需求的对接，有利于遏制房价过快上涨的势头。因此，2011 年全市商品房销售市场将可能更多地解决真实住房需求，减少投资需求，保持平稳健康的发展态势。

2. 房产税试点开征是遏制房价快速增长的重要武器

2011年1月27日，重庆市政府正式公布《重庆市房产税改革试点暂行办法》，对个人拥有的住房存量和新购房增量的税收办法进行了明确。从具体办法来看，主城九区两年来平均房价成为是否征收房产税的重要标准，为全市房价上涨幅度设置了一个理论上限，将对有效遏制房价过快上涨的势头发挥重要作用。

3. 公租房建设加强势必成为重庆房地产市场内部的稳定器

2011年全市公租房计划新开工1 350万平方米，加上2010年已开工的1 300万平方米，2011年将会有2 650万平方米的公租房在建。从供给来看，自2010年始，全市3年将建4 000万平方米公租房，共产生1 000亿元开发投资，占2010年全市房地产开发投资额的比重为61.7%，超过六成，而其所提供的住房供给则将超过本年全市商品住房竣工面积2 179.81万平方米，成为房地产建设投资和市场供给的重要支柱。从需求来看，第一批公租房进入配租阶段，预计2011年共可提供公共租赁住房20万套，解决近60万人住房问题，全部公租房按20平方米/人计算，将解决200万人左右的住房问题，将兑现“低端有保障”的政策承诺。

（撰稿人：屈磊旻）

十二、2010年成都市房地产市场运行情况

2010年以来，受国家一系列房地产市场调控政策措施出台的影响，成都市房地产市场变化明显，主要表现为：商品房成交量逐渐下滑，销售面积自6月始负增长，8月开始触底反弹；商品房新开工面积增幅和开发资金来源增幅逐步回落；开发投资增幅继续高位盘整。

(一) 开发投资增幅高位盘整，结构明显变化

1. 开发投资增幅高位盘整

2010年，成都市房地产开发累计完成投资1 278.34亿元，比2009年同期增长35.3%。增幅自开年以来持续高位盘整，在6月达到56.8%后开始逐月缓慢回落（见图4—26）。

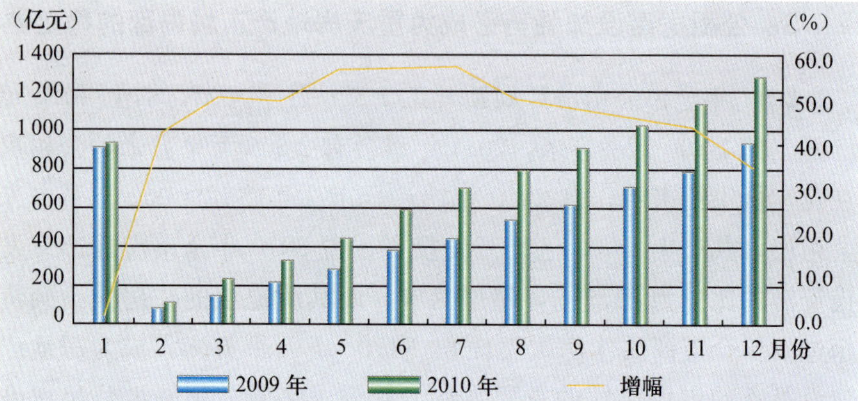

图4—26 2009—2010年成都市房地产开发投资情况

2. 对投资增长的作用和贡献突出

2010年以来，成都市房地产开发投资持续保持高位增长，明显高于整个固定资产投资增长，是拉动成都市固定资产投资增长的主要动力（见表4—12）。

表4—12 2010年成都市房地产开发投资对全社会固定资产投资增长贡献情况

	2月	3月	4月	5月	6月	7月	8月	9月	10月	11月	12月
房地产投资增幅（%）	42.2	50.1	49.4	56.0	56.8	56.4	49.7	48.1	45.6	43.6	35.3
全社会固定资产投资增幅（%）	19.3	15.7	11.2	7.8	10.1	7.3	6.5	10.0	8.4	7.9	5.7
贡献率（%）	69.3	80.9	98.3	144.9	113.6	154.1	159.3	102.2	118.4	122.4	145.2

3. 民间投资较为活跃

2010年以来，成都市房地产开发投资中民间资本投资扭转2009年全年负增长态势，增幅高位攀升。全年，全市民间资本完成房地产开发投资已突破千亿元，达1 047.59亿元，同比增长43.4%，比全市全部房地产开发投资增幅高8.1个百分点。而国有房地产企业受国家宏观调控政策影响，完成投资增幅逐月走低。全年，全市国有房地产企业完成投资56.32亿元，同比下降32.9%。

4. 土地购置费投资增幅下滑明显

2010年以来，成都市房地产土地购置费完成的投资增长较为迅速。土地购置费，上半年一直呈现成倍增长趋势，下半年增幅下滑明显。全年，全市完成土地购置费投资231.26亿元，同比增长57.3%，该比例较增幅最高的5月份下滑530.6个百分点。

5. 开发投资结构明显变化

住宅投资占比下降，办公楼、商业性营业用房和其他投资均略有提升。2010年全年，全市住宅完成投资804.29亿元，同比增长26.8%，占全部房地产投资的比重为62.9%，比2009年下降4.2个百分点；商业营业用房完成投资100.35亿元，同比增长44.2%，占全部房地产投资的比重为7.9%，比2009年上升0.5个百分点；办公楼完成投资50.49亿元，同比增长63.3%，占全部房地产投资的比重提高0.7%；其他投资为323.21亿元，同比增长53.8%，占全部房地产投资的比重为25.3%，比2009年提高3.0个百分点。

（二）商品房新开工面积大幅增长，施工规模不断扩大

1. 商品房新开工面积开年爆发性增长，增幅高位持续回落

2010年，商品房新开工面积增长迅猛。全年，全市商品房新开工面积达2 698.23万平方米，同比增长90.9%，其中：住宅新开工1 980.06万平方米，同比增长70.4%；办公楼新开工119.57万平方米，同比增长129.0%；商业营业用房新开工214.8万平方米，同比增长155.2%。

分月看，商品房新开工面积增幅回落趋势明显。2月，商品房新开工面积增幅为300.8%，12月已下滑到90.9%，下降了209.9个百分点（如图4—27所示）。

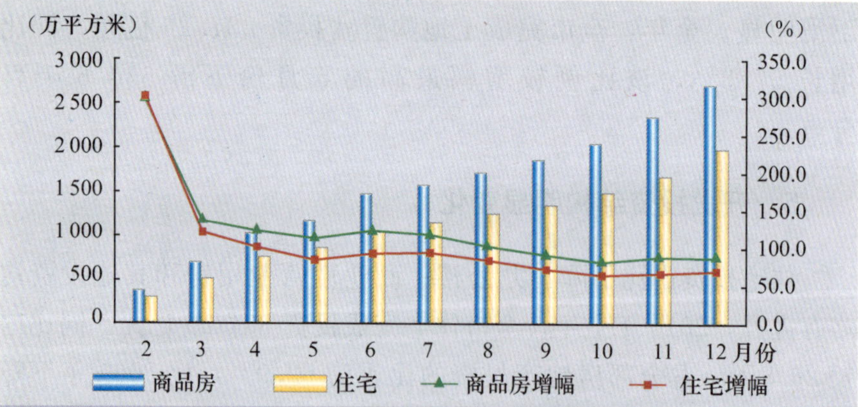

图4—27　2010年成都商品房新开工面积情况

2. 商品房施工规模不断扩大

受商品房新开工面积大幅增长的影响，全市2010年商品房施工规模不断扩大，施工面积保持稳步增长，施工面积总量达历史高位。全年，全市商品房施工规模将近1亿平方米，为9 778.90万平方米，同比增长17.6%，其中：住宅为7 550.32万平方米，

同比增长13.1%；办公楼为370.29万平方米，同比增长41.3%；商业营业用房为634.98万平方米，同比增长23.0%。

3. 商品房竣工面积小幅下降

2010年全年，全市商品房竣工面积为1 577.86万平方米，同比下降3.6%，其中：住宅竣工1 301.21万平方米，同比下降5.5%；办公楼竣工26.10万平方米，同比下降25.5%；商业营业用房竣工80.84万平方米，同比增长25.2%。

（三）商品房销售小幅萎缩

受国家房地产调控政策作用和效果逐步显现的影响，2010年成都商品房销售面积增幅高位回落。特别是2010年4月“新国十条”出台后，全市商品房成交量迅速下滑，下降幅度自8月触底后开始逐步回升。

1. 商品房销售面积下降

全年，全市商品房销售面积为2 559.28万平方米，同比下降5.0%；销售额为1 519.33亿元，同比增长14.3%。其中：销售住宅2 289.92万平方米，同比下降9.6%，销售额为1 334.38亿元，同比增长8.1%；销售商业营业用房71.77万平方米，同比增长34.8%，销售额为66.70亿元，同比增长43.2%；销售办公楼77.70万平方米，同比增长34.6%，销售额为72.29亿元，同比增长112.5%。住宅销量的下滑，是导致全市商品房销售负增长的主要原因（见图4—28）。

2. 销售重头继续向二、三圈层转移

2010年，全市商品房销售面积分圈层看：一圈层下降迅速，

	2月	3月	4月	5月	6月	7月	8月	9月	10月	11月	12月
商品房(%)	47.0	9.6	9.6	1.4	-8.7	-10.2	-16.1	-14.2	-14.0	-7.8	-5.0
住　宅(%)	38.8	5.8	6.2	-2.7	-12.6	-14.2	-19.6	-18.0	-17.7	-11.2	-9.6

图 4—28　2010 年成都商品房销售增幅变化情况

二、三圈层增长，三圈层增长迅猛。全年，一圈层销售商品房 923.95 万平方米，同比下降 28.8%；二圈层销售商品房 1 237.30 万平方米，同比增长 10.3%；三圈层销售商品房 388.58 万平方米，同比增长 46.7%。受商品房销售大幅下降的影响，一圈层商品房销售在全市商品房销售总量中的占比从 2009 年的 48.2%下降到 36.1%；二圈层和三圈层的占比则顺势而上，分别为 48.3%和 15.2%，比 2009 年分别提高 6.7 和 5.3 个百分点，销售重头转移迹象明显。

3. 多种原因影响部分区县增长较快

一是受交通条件改善的影响，特别是地铁一号线和成灌快铁沿线效应明显。如一圈层的高新区，受地铁一号线贯通的影响，在其他城区商品房销售面积基本持平或大幅下降时，仍保持较高增长速度，高出圈层增幅 63.2 个百分点。二圈层的新都区也属地铁一号线沿线区域，其销售面积增幅较二圈层高出 11.5 个百分点。成灌快铁的开通，沿线的郫县销售增幅高出圈层 18.9 个百分点。终点的都江堰市销售增幅也高出三圈层增幅 25.9 个百分点。二是受“大项目”销售支撑的影响。如位于全市销售增幅前列的大邑县，2010 年销售超过 1 万平方米的项目达 18 个，销售面积达 41.17 万平方米，而 2009 年该县超过 1 万平方米的项目仅 8 个，销售面积仅有 22.64 万平方米（见表 4—13）。

表 4—13　　2010 年成都市商品房销售分圈层及区县情况

分类	2010 年		2009 年		变化情况	
	销售面积（万平方米）	比重（%）	销售面积（万平方米）	比重（%）	增幅（%）	比重（%）
全市合计	2 559.28	100.0	2 693.10	100.0	−5.0	0.0
一圈层	923.95	36.1	1 297.23	48.2	−28.8	−12.1
高新区	149.36	9.7	111.11	6.2	34.4	3.5
锦江区	202.71	13.1	202.11	11.2	0.3	1.9
青羊区	127.20	8.2	146.88	8.2	−13.4	0.1
金牛区	154.90	10.0	250.04	13.9	−38.0	−3.9
武侯区	155.70	10.1	233.94	13.0	−33.4	−2.9
成华区	134.09	8.7	353.16	19.6	−62.0	−10.9
二圈层	1 237.30	48.3	1 122.18	41.7	10.3	6.7
龙泉驿区	160.90	10.4	150.36	8.4	7.0	2.1
青白江区	52.95	3.4	36.56	2.0	44.8	1.4
新都区	205.98	13.3	167.77	9.3	22.8	4.0
温江区	234.38	15.2	249.52	13.9	−6.1	1.3
双流县	403.27	26.1	378.81	21.1	6.5	5.1
郫县	179.82	11.7	139.14	7.7	29.2	3.9
三圈层	388.58	15.2	264.91	9.8	46.7	5.3
大邑县	45.57	3.0	23.84	1.3	91.2	1.6
蒲江县	18.13	1.2	9.61	0.5	88.7	0.6
新津县	31.13	2.0	39.43	2.2	−21.1	−0.2
都江堰市	107.70	7.0	62.40	3.5	72.6	3.5
彭州市	42.42	2.7	28.96	1.6	46.5	1.1
邛崃市	44.79	2.9	30.03	1.7	49.2	1.2
崇州市	48.09	3.1	33.16	1.8	45.0	1.3
金堂县	50.75	3.3	37.49	2.1	35.4	1.2

（四）商品房待售面积总量较为平稳

截至 2010 年底，成都市商品房待售面积为 116.06 万平方米，比 2009 年年底增长 9.6%。其中：住宅待售面积为 35.63 万平方米，同比增长11.6%；办公楼待售面积为5.26万平方米，同比增长21.7%；商业营业用房为33.51万平方米，同比下降10.9%。

从待售年限上看，1—3年待售面积为102.31万平方米，同比增长8.3%，其中：住宅待售面积为34.00万平方米，同比增长10.5%。3年以上待售面积为13.74万平方米，同比增长20.8%，其中：住宅待售面积为1.62万平方米，同比增长39.9%；商业营业用房待售面积为8.60万平方米，同比增长22.0%。

分月看，全市商品房待售面积总量较为平稳，全年各月均维持在100～140万平方米左右（见图4—29）。

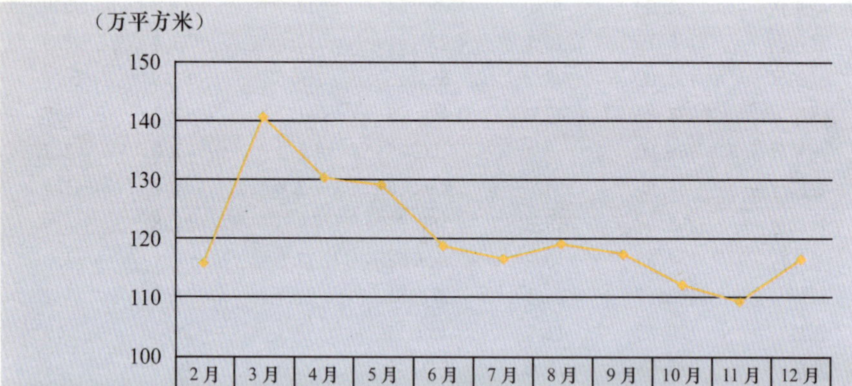

	2月	3月	4月	5月	6月	7月	8月	9月	10月	11月	12月
待售面积（万平方米）	115.41	140.44	130.02	129.29	118.51	116.22	118.74	117.21	112.04	109.38	116.06

图4—29　2010年成都商品房待售面积分月情况

（五）房地产开发资金来源增幅逐月回落

2010年以来，受商品房销售增幅下滑的影响，成都房地产开发企业资金增幅也逐渐走低，除利用外资大幅增长外，开发企业的银行贷款、自筹资金和其他资金来源的增长都处于较低水平。全年，全市房地产开发资金来源达1 973.71亿元，同比增长26.0%。其中外商直接投资部分增长最为迅猛，达60.87亿元，同比增长2.2倍（见表4—14）。

表 4—14　　2010 年成都市房地产开发资金来源情况

资金名称	2010 年（亿元）	2009 年（亿元）	增幅（%）
本年资金来源	1 973.71	1 566.49	26.0
国内贷款	314.14	251.39	25.0
其中：银行贷款	302.01	226.60	33.3
利用外资	33.14	12.52	164.7
其中：外商直接投资	30.87	9.65	219.8
自筹资金	730.51	446.55	63.6
其他资金来源	895.92	856.03	4.7

分月看，开发资金来源增幅不断走低。由于受到商品房销售额增幅不断下滑的影响，房地产开发资金中的其他资金（主要是销售回款资金）增幅也不断下滑，造成房地产开发资金增幅不断走低（见图 4—30）。

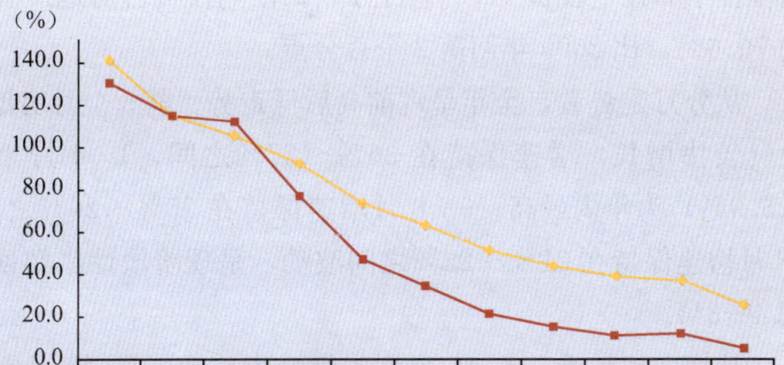

	2月	3月	4月	5月	6月	7月	8月	9月	10月	11月	12月
本年资金来源(%)	140.6	114.5	105.7	92.4	73	62.8	51.1	44.0	38.6	37.2	26.0
其中，其他资金(%)	129.6	114.6	111.2	76.2	46.4	33.8	21.3	15.7	11.5	12.4	4.7

图 4—30　2010 年成都房地产开发资金增幅变化情况

（撰稿人：李洁）

十三、2010 年西安市房地产市场运行情况

2010 年，在楼市调控政策频出，调控力度空前的宏观背景下，

需求旺盛的西安房地产市场总体呈现平稳健康较快发展态势。开发投资保持较快增长，商品房销售量价再创新高，增幅高位逐步回落，楼市调控成效显现。

（一）西安房地产市场呈现新特点

1. 开发投资保持平稳较快增长

2010年，西安房地产开发完成投资842.34亿元，比上年增长21%，占全市城镇固定资产投资近三成，贡献率达到20%以上，依然是拉动全市投资的主要力量。

从投资构成看，住宅投资为670.26亿元，同比增长17.9%，增幅慢于非住宅投资16.5个百分点；住宅投资占房地产开发投资的79.6%，比2009年回落2个百分点。

从分月走势看，全年呈现前高后低走势。前5个月房地产开发投资较快增长，增速保持在26%～27%之间，1—4月累计增幅（26.9%）为年内最高；6—8月增速保持在25%～26%之间，9—12月增速保持在21%～22%之间波动，呈现阶段性小幅回落（见图4—31）。

从横向比较看，与15个副省级城市比较，1—11月完成房地产开发投资增幅西安排位靠后。全年也低于全国33.2%的增幅，与全省基本持平，主要是2009年增幅较高、基数较大所致。

2. 房屋开发规模继续扩大，大开发项目占七成

2010年，西安市商品房建设规模不断扩大，住房有效供给持续增加。全年房屋施工面积为6 697.39万平方米，同比增长17.3%。全年新开工面积为2 043.82万平方米，同比增长20.7%；从分月走势看，6月份新开工面积增幅由负转正，随后逐月持续增长。

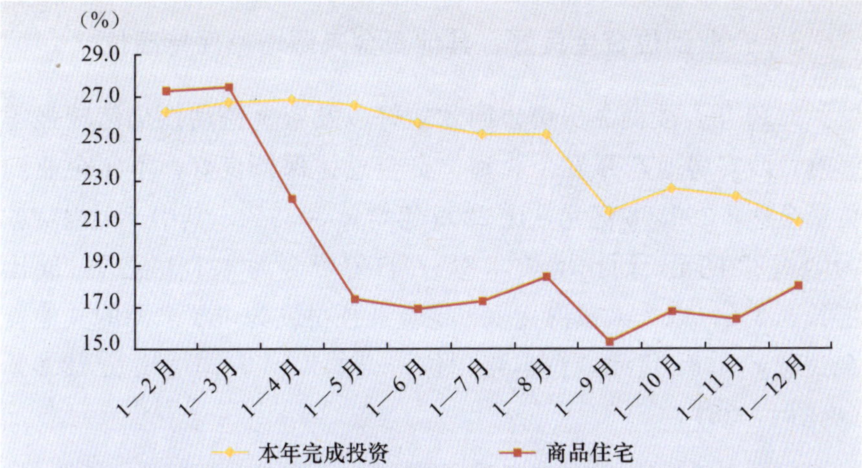

图 4—31　2010 年西安房地产开发投资增长情况

2010 年，西安市房地产开发施工面积超 10 万平方米的在建项目有 230 个，施工面积达 5 321.57 万平方米，比上年增长 25%，占全市房屋施工面积的 79.5%，比上年提高了 4.9 个百分点。计划总投资超 10 亿元的项目有 98 个，完成投资 385.38 亿元，占全市房地产开发完成投资的 45.8%，比上年提高 15.9 个百分点（见图 4—32）。

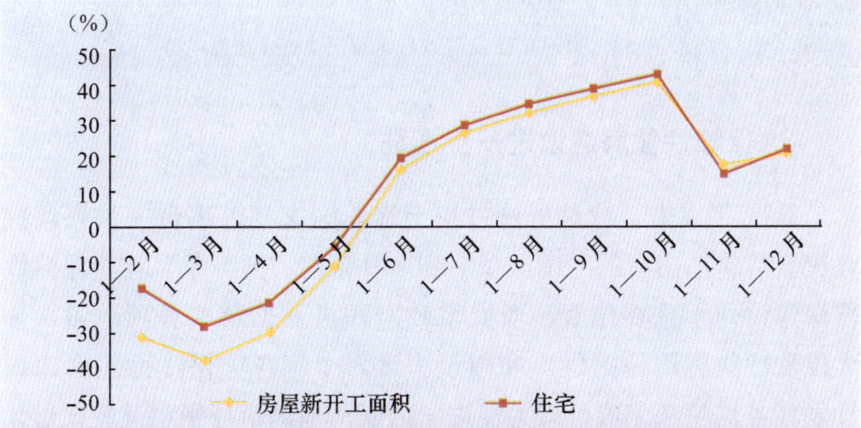

图 4—32　2010 年西安房地产分月新开工面积增幅

3. 企业到位资金良好，其他资金来源增幅保持高位

2010年，受商品房销售回款较好以及资金流动性仍然较强等影响，西安房地产开发企业到位资金总体保持良好。本年企业到位资金达1 296.68亿元，比2009年增长30.9%。其中，国内贷款为189.22亿元，同比增长3.8%；自筹资金为431.1亿元，同比增长3.8%；以个人按揭贷款、定金及预付款为主要来源的其他资金到位670.81亿元，占本年到位资金的52%，同比增长72.9%（见图4—33）。

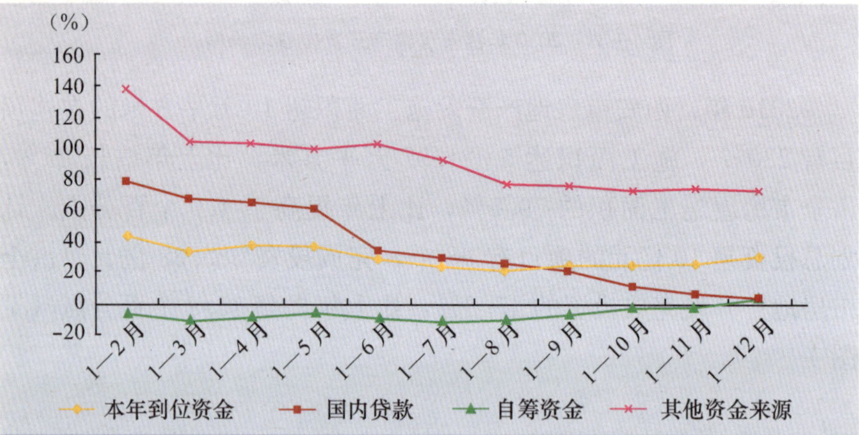

图4—33　2010年西安房地产企业到位资金增幅趋势

4. 保障性住房建设进一步推进

2010年以来，针对房价过快上涨，国家相继出台一系列调控政策，从年初出台的“国四条”到9月新政“国五条”均将保障性住房建设列于重要位置。西安市政府积极贯彻落实各项政策，加大保障性住房用地的供应和建设力度，全年各项保障性住房建设计划任务均超额完成，有力促进了西安房地产市场平稳健康发展。

2010年，保障性住房用地供应2 352亩，比2009年小幅减少。其中，经济适用房用地供应2 000余亩，比2009年净增加745亩，

涨幅达 59.4%。

2010 年，棚户区改造启动新项目 8 个，在建面积达 296.12 万平方米，新开工面积为 99.14 万平方米，竣工面积为 142.63 万平方米。本年完成投资 29.01 亿元。回迁安置群众 5.3 万人，涉及 1.05 万户。

2010 年，城中村改造已完成 25 个村的回迁安置工作，涉及 1.69 万户、5.94 万人。全年拆除面积达 482.42 万平方米，已竣工面积为 241.2 万平方米，本年完成投资 71.5 亿元。

2010 年西安市经济适用房完成投资 32.48 亿元，新开工面积为 220.26 万平方米，竣工面积为 176.35 万平方米，竣工套数达 19 659 套。

2010 年西安市建成廉租住房项目 9 个，完成实物配租项目 5 个、在建项目 19 个。全年廉租住房完成投资 7.05 亿元，新开工面积为 26.39 万平方米，实物配租面积为 2.57 万平方米。

5. 商品房销量再创新高，增幅阶段性高位回落

2010 年，国家持续加大房地产调控力度，连续出台被业界视为“史上最为严厉”的房地产调控新政。但由于西安市房地产市场是以满足自住为主的刚性需求的市场，楼市在第 2 季度陷入短暂观望后，第 3 季度出现了回暖势头，全年销售均保持较高增长速度，销售总量创历史新高。

全年实现商品房销售 1 587.81 万平方米，同比增长 26.4%，较上年 63%的增幅有较大幅度回落。其中，商品住宅实现销售 1 523.24 万平方米，同比增长 26.7%；住宅销售面积占全市总销售面积的比重为 95.9%，比 2009 年提高 0.2 个百分点。办公楼销售面积为 35.46 万平方米，同比增长 94.5%，办公楼销售占全市总销售面积的比重为 2.2%，比上年提高 0.7 个百分点。

从分月走势看，在 2010 年年初、4 月份和 9 月份三次较大楼市调控的作用下，西安楼市走出了三个不同阶段的市场行情。从图 4—34 可以看出，2010 年前 5 个月，延续了 2009 年的旺盛行

情，增幅在 50%左右；6—8 月增幅在 30%～40%之间，回落明显；9 月以后至年末增幅回落缩小，在 26%～28%之间波动。

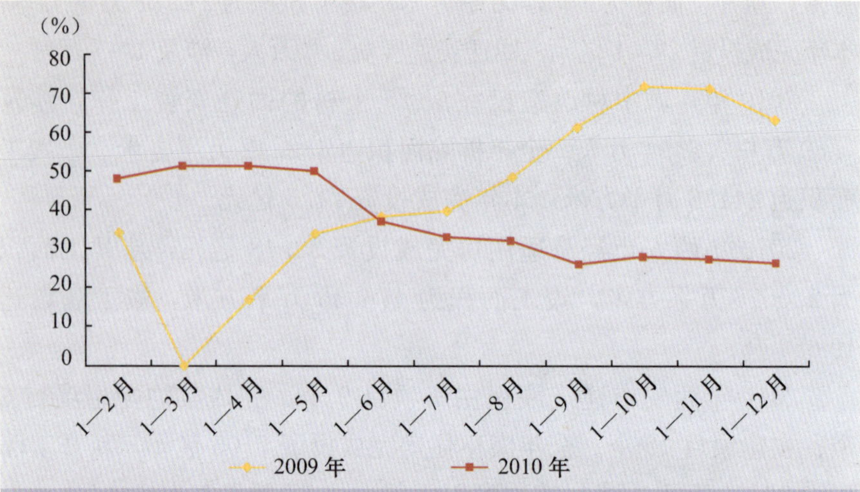

图 4—34　2009—2010 年西安市商品房销售面积增长情况

从西安市房管部门房产交易备案数据看，2010 年商品房交易备案面积达到 1 428 万平方米，创下历年新高。分月累计增幅呈现先扬后抑走势，由年初的大幅增长 183.19%回落到年尾的 9.3%（见图 4—35）。

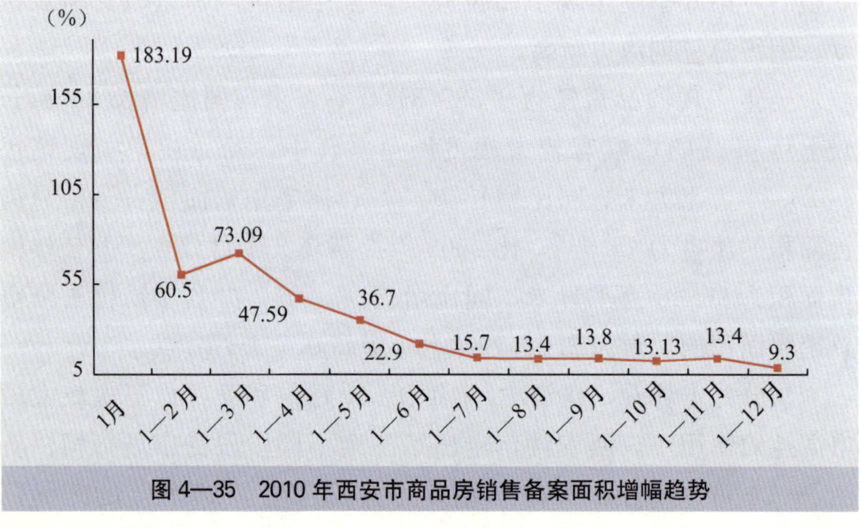

图 4—35　2010 年西安市商品房销售备案面积增幅趋势

从横向比较情况看，在 2010 年 1—11 月 15 个副省级城市商品房销售面积统计数据中，西安市同比增幅达 27.2%，排位第一；销量为 1 309 万平方米，排位第三。

6. 房屋销售价格涨幅趋缓

从月同比价格指数走势看，2010 年，西安房屋销售同比价格指数涨幅前 5 个月逐步提高，5 月同比涨幅为 14%，比 1 月扩大 4 个百分点。为遏制房价的过快上涨，4 月 17 日，国务院发布了《国务院关于坚决遏制部分城市房价过快上涨的通知》，采取十条措施控制房价过快上涨。从 6 月开始，调控效果初显。6 月份，房屋销售价格同比涨幅开始回落，比 5 月回落了 0.3 个百分点，此后同比涨幅持续回落，12 月份为 8.2%，比涨幅最高的 5 月份回落了 5.8 个百分点。从这一情况看，房地产市场投机性需求得到了一定程度的抑制，房地产市场调控取得了一定的效果（见图 4—36）。

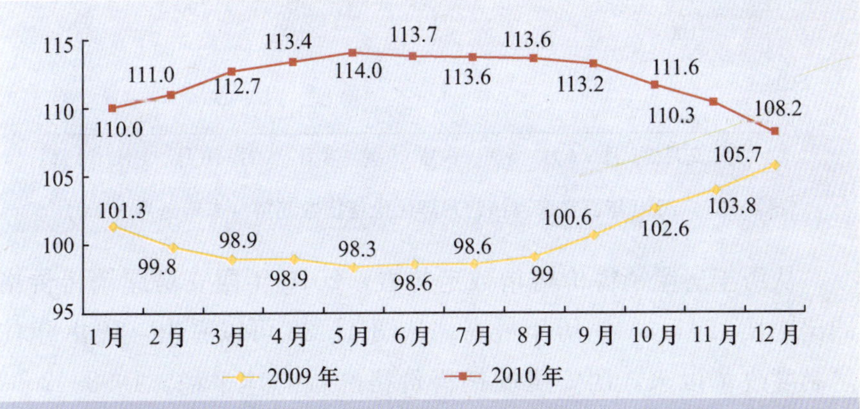

图 4—36　2010 年西安房屋销售同比价格指数趋势（上年同月＝100）

从分月环比价格指数走势看，环比涨幅变动趋势与同比涨幅变动趋势大致相同。2010 年 1 月环比涨幅最高，达到 3.3%，以后震荡回落，6 月和 12 月环比下降 0.1%，呈现一波三折态势。

前 4 个月，各月环比涨幅相对较高，月环比平均涨幅为 1.65%。随着房地产市场调控效果的逐步显现，5 月份环比涨幅大幅回落到0.1%；6月份，房价环比价格指数在连续12个月上涨之后首次出现下降，比5月份下降0.1%。受刚性需求和西安区位优势等多种因素的影响，第3季度房价再度出现了小幅上涨，月环比平均涨幅为0.4%。为进一步贯彻落实“国十条”，9月29日有关部委再度分别出台调控措施，巩固房地产市场调控成果。从10月份开始，环比涨幅继续回落，至12月份环比下降0.1%，出现年内第二次下降现象。虽然下半年月环比价格均有所上涨，但与前4个月价格变动情况相比较，涨幅已经大幅收窄，后6个月月环比平均上涨幅度仅为0.23%，低于上半年1.1%的环比平均涨幅（见图4—37）。

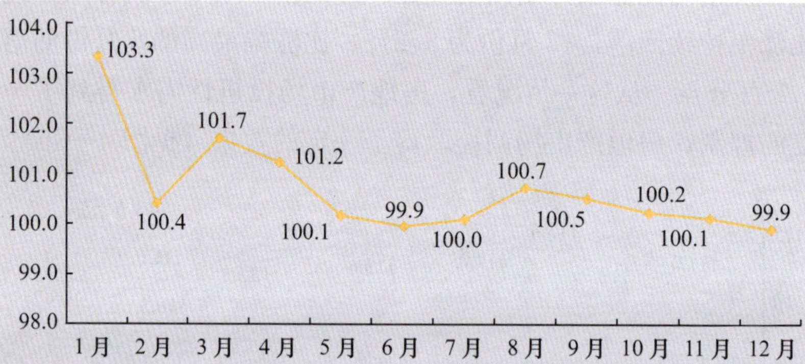

图4—37 2010年西安房屋销售月环比价格指数趋势（本年上月=100）

从历年房屋销售价格指数走势看，2010年西安房屋销售价格同比增长12.1%，是历年最高。从图4—38可以看出，1998年住房制度改革以来，西安房屋销售价格涨幅总体平稳。1998—2003年房价涨幅较小，6年平均涨幅为1.1%；2004—2007年4年平均涨幅为4.8%；2008年以来，在世界金融危机和楼市调控政策的影响下，2009年房屋价格指数达到近年的低谷，2010年房价涨幅达到历史新高。2008—2010年3年平均涨幅为6.9%。纵观历年涨幅情况，西安房价涨幅总体相对平稳。

从横向比较看，与全国比，西安房屋月同比价格涨幅2010年

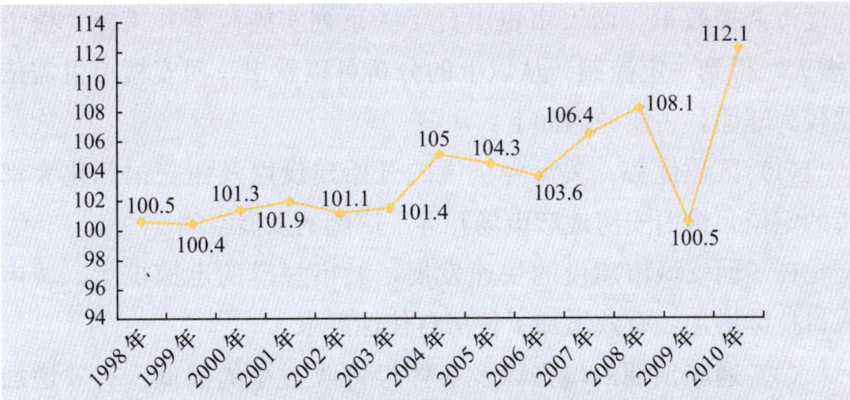

图4—38　1998—2010年房屋销售价格指数（上年＝100）

12个月均高于全国平均水平。与15个副省级城市比，自7月以来连续5个月价格涨幅居第一位之后，12月份涨幅居第二位。由于西安房屋销售价格水平在全国大中城市中相对较低，价格涨幅相对全国相对滞后等因素影响，2010年西安房屋价格涨幅相对较快（见图4—39）。

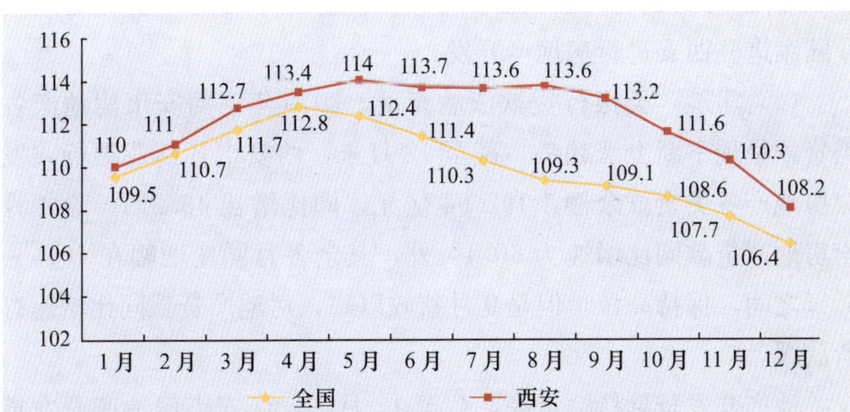

图4—39　2010年西安和全国房屋销售同比价格指数（上年同月＝100）

（二）西安房地产市场发展因素分析

2010年，针对旺盛的房地产市场，国家重拳出击，出台一系列楼市调控政策，西安市也出台了一系列实施政策和措施，楼市“虚火”得到一定控制。从以上的分析可以看出，西安楼市供需依然较为旺盛，主要原因如下：

（1）区位优势。关天经济区的开始建设以及西安国际化大都市的定位，给西安房地产市场开辟了广阔的发展空间。

（2）西安城市建设的快速发展，城市规模的迅速扩大，城市人口持续增加，有效增加了住房自住性需求。

（3）通胀预期的增强以及实体经济收益率的偏低，有效增加了住房的投资性需求。

（4）居民收入的快速增长以及楼市刺激政策的推动，有效增加了住房的改善性需求。

（5）企业看好西安楼市。2010年第4季度房地产企业家信心指数为147.4，比第3季度提高10.6个百分点；房地产业景气指数为136.8，与第3季度持平，行业景气度仍然较高。近年来，万科、绿地、恒大、万达、龙湖、中海、金地等国内知名房地产企业陆续进驻西安进行房地产开发。

（6）房地产类银行贷款依然充足。2010年，西安市房地产各类贷款呈现不断上涨趋势，截至12月末，西安市各商业银行共发放房地产各类贷款余额1 192.94亿元，同比增长48.2%。除4月份房地产贷款同比增速为60.4%外，其余各月同比增幅在40%～60%之间，保持高位，但是9月新政以来，房地产贷款同比增速有所放缓。

地产开发贷款持续走高，截至12月末，西安市房地产开发贷款余额为350.55亿元，同比增长37.4%。其中，地产开发贷款余额为77.27亿元，同比增长81.7%；房产开发贷款余额为273.28亿元，同比增长28.6%。

购房贷款余额持续增长，增速呈前高后低趋势。2010年西安市购房贷款余额从年初的586.18亿元，增加到年底的842.39亿元，增长43.71%。从购房贷款的同比增速来看，上半年增速呈现不断上涨趋势，最高为5月份，达到75.3%，从7月份开始增速明显回落，直达12月末的53.2%。

（三）2011年西安房地产市场走势展望

从以上分析可以看出，2010年西安楼市走势在波动中高位回落，楼市调控效果逐步显现。同时，也可以看出，2010年，西安房价涨幅过快，是最为突出的问题。2011年财政货币政策将由宽松回归稳健，楼市调控政策仍然不会放松，增加住房有效供给，抑制投资投机需求，保证房地产市场平稳健康运行将是一项常态化的任务。而西安市房地产市场，在此情况下，随着各项政策的进一步贯彻落实，特别是住房保障规模的扩大、货币流动性的减少、通胀预期的减弱及市场监管力度的加强，房价过高上涨过快的势头将会得到抑制。由于西安处于城市化加速期，住房刚性需求依然旺盛，房地产开发投资仍将保持较快增长，市场整体将会保持平稳健康发展态势。

（撰稿人：秦来生　何秋和　李芬　康敏　王丽华）

第五部分

美、英等国房市颓势难改，房价继续下跌

2010 年，美国、英国等发达国家房市延续前两年低迷态势，总体表现不如 2009 年。美国房屋销量和建筑大幅减少，房市陷入萧条的困境。在欧盟发达国家中，德国、法国、瑞典等房市相对稳定，而英国、希腊、爱尔兰、西班牙、葡萄牙等国的房市深受主权债务危机和财政紧缩政策的影响，房屋需求疲弱，房价重新趋跌。在政府强烈而迅速的行动干预下，新加坡、韩国、澳大利亚等亚太国家和地区房价涨幅明显回落。预计 2011 年美、英等国房市难有起色，房价将进一步下跌。

一、美国房市萧条

在 2010 年 4 月份购房优惠政策期满后，美国房屋销售和新房建筑大幅下滑，下半年房市出现萧条景象。

（一）房屋销量降到历史最低水平

现房月销量从 1 月份的 505 万套减少至 11 月份的 470 万套，12 月份回升到 528 万套，全年月销量同比平均下降 4.9%，其中 7—11 月份，同比平均降幅为 23%；新房月销量从 34.9 万套减少至 29 万套，月销量同比平均下降 15%，其中 5—11 月同比平均下降 26%（见图 5—1、图 5—2）。

（二）止赎房比例居高不下，待售房屋规模庞大

自 2007 年次贷危机以来，住房抵押贷款违约拖欠率上升，大量房屋因无力还贷而被迫失去抵押房屋的赎回权，止赎房数量不断增加。而 2010 年经济复苏乏力，失业率攀升，致使居民还贷能力更弱，止赎房比例升至历史最高水平。据穆迪公司估计，2010 年

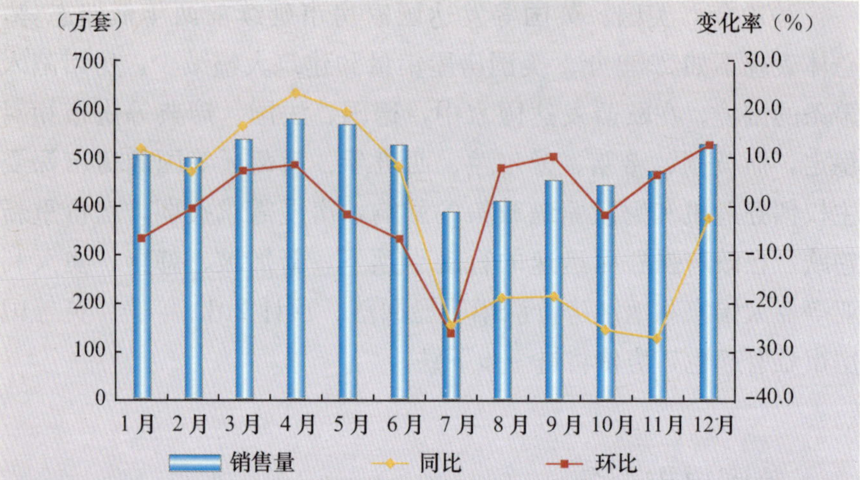

图5—1　2010年美国新房销售量变化情况

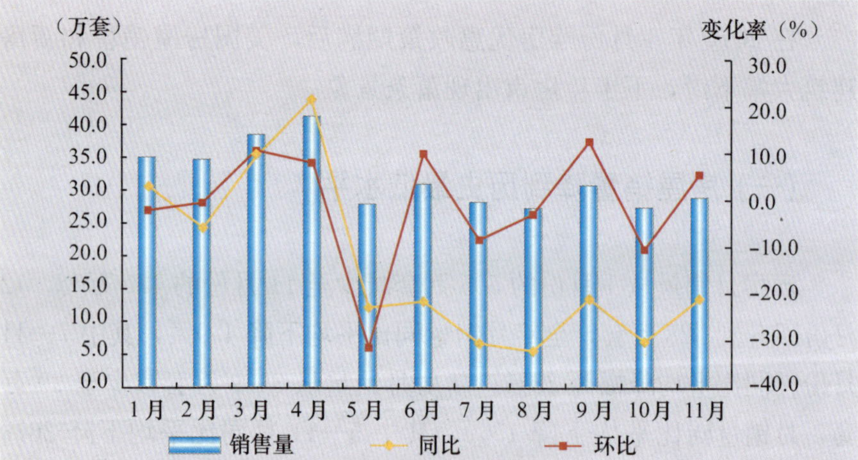

图5—2　2010年美国现房销售量变化情况

第3季度，止赎房存量占现有按揭贷款购房总量的4.4%，远远高于1%的历史正常水平；止赎房销售占现房销量的比例高达33%。政府"住房偿付能力贷款修改项目"（HAMP）因修改进程十分缓慢，在减少止赎房数量上没有奏效。目前仍有4 300万借款者因抵押贷款违约拖欠而面临房屋止赎的问题。止赎房规模居高不下，推高了房屋库存量。待售新房可供销售月数从4月份的6.3个月陡升至 5 月份的 9.2 个月，1—11 月平均高达 8.2 个月；待售现房可供销售月数从 1 月份的 7.8%上升至 11 月份的 9.5%，其中 7 月、8 月分别上升至 12.5 和 12 个月，为历史上最大的房屋库存规模（见图 5—3）。

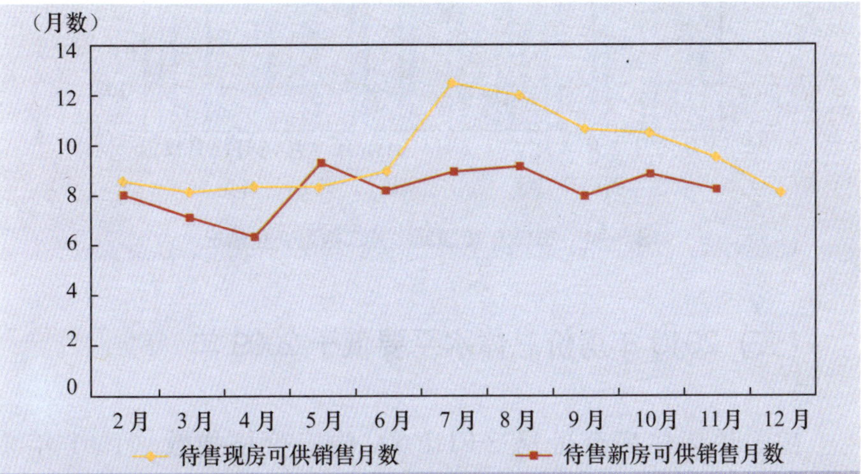

图 5—3　2010 年美国待售新房和现房可供销售月数

（三）住房抵押贷款申请数量减少，需求减弱

在低利率和第二轮量化宽松政策条件下，住房抵押贷款利率一直维持在 5%以下的低水平上。但是，受失业率攀升、股市低迷、工资和收入增长迟缓的影响，住房抵押信贷市场持续萎缩，住房抵押贷款申请数量降至历史最低水平，购房需求十分疲弱。

（四）住房建筑大幅下滑，建筑信心低落

2010 年新房开工数量在波动中下滑，从 1 月份的 61.2 万套减少至 12 月份的 53 万套。因房市供应过度，需求不足，房屋建筑信心接近历史低点。美国建筑商协会公布的住房建筑景气指数一直在 16%低位上徘徊，回升艰难（见图 5—4）。

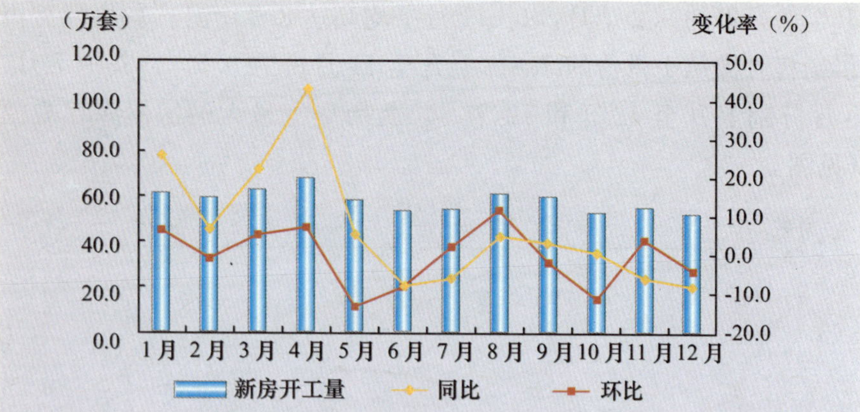

图 5—4 2010 年美国新房开工数量变化情况

（五）2010 年房价总体水平要低于 2009 年

美国联邦住房金融局（FHFA）购房价格指数（1991 年 1 月＝100）从 2010 年 1 月份的 194 下降至 10 月份的 190.8，月同比平均下降 2.8%。第 3 季度标准普尔房价指数环比下降 2%。大量止赎房屋贱卖，是房价趋跌的主要因素（见图 5—5）。

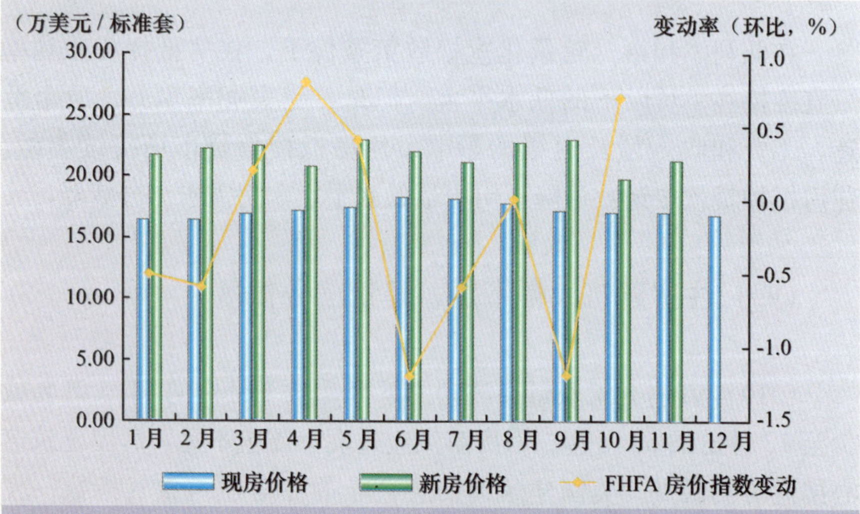

图 5—5 2010 年美国房价变动情况

二、英国、希腊、爱尔兰、西班牙、葡萄牙房价趋跌

2010 年，受主权债务危机、财政支出削减、信贷紧缩、经济复苏乏力、失业率高企等不利因素影响，英国、希腊、爱尔兰、西班牙、葡萄牙住房需求减弱，房价趋跌。

英国房价由涨转跌。从 2010 年 2 月份起，房价结束了持续 9 个月环比上涨的趋势，出现下跌，其中 7—11 月份连续 5 个月下跌，第 3、4 季度环比分别下跌了 1.0％和 1.3％（见图 5—6）。其主要原因：一是实行财政紧缩政策，削减福利开支。5 月份英国政府出台了今后 4 年内削减 1 270 亿美元赤字的紧缩政策，其中包括裁减 50 万个公共部门职位，冻结公共部门的两年工资，从 2011 年 1 月 1 日起增值税从 17.5％提高至 20％，到 2020 年之前将退休年龄提高到 66 岁等。这些措施损害居民可支配收入，抑制住房需求。二是经过 2008 年和 2009 年持续近两年的房价下跌，英国房价与收入之比有所下降，但对首次购房者来说，目前房价与收入之比仍高于长期平均水平，购房能力较低，需求减弱。三是经济增长缓慢，失业率升高。自 2009 年第 4 季度英国经济增长率由负转正以来，增速十分缓慢。失业率维持在 7.8％高位，而且继续上升的风险很大，居民对未来可支配收入减少的预期上升，消费意愿降低。四是住房抵押贷款需求减少。据英国央行调查，银行为控制房贷违约和拖欠风险，提高房贷条件，购房抵押贷款申请数量自 4 月份以来持续减少，从 5 万笔减少到 11 月份的 4.8 万笔。

希腊房价跌幅逐季扩大。2010 年第 1，2，3 季度，房价环比分别下跌了 0.4％，1.4％和 2.9％。主权债务危机扩大，金融危机加重，经济衰退，是造成希腊房市垮塌的主要原因。2009 年希腊

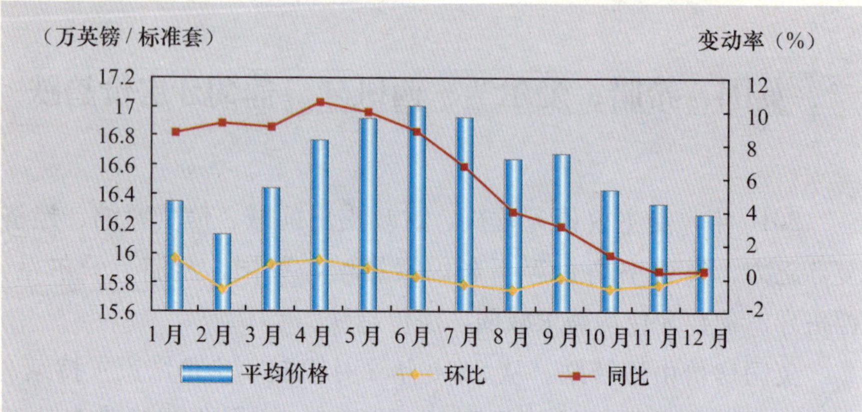

图5—6 2010年英国房价变动情况

财政赤字占GDP的比重高达15.4%，政府信贷等级被下调，信贷愈加困难，经济持续衰退。政府实施紧缩财政政策，减少公共部门工资和养老金支出等缓解债务危机的措施，进一步加剧了住房需求缩减、房价下跌的趋势。

爱尔兰房价持续下跌。2010年第1，2，3季度，房价环比分别下跌了4.8%，1.7%和1.3%，自2007年以来已持续4年呈下跌趋势。第3季度比年初下跌了14.8%，其中首都都柏林下跌了21%，其他地区下跌了11.3%。爱尔兰是欧洲房市泡沫最大的国家，也是受房市泡沫破灭影响最大的国家。

西班牙房价跌趋难改。2010年第1，2，3季度，房价环比分别下跌了1.4%，0.9%和0.9%，已持续3年呈下跌趋势。

葡萄牙房市仍在困境中。2009年第2季度到2010年第1季度，受低利率和政府增加支出等有利因素影响，房价曾保持4个季度连续上涨的趋势。但是，从2010年第2季度开始，随着主权债务危机的爆发、经济增长低迷、失业率升高，葡萄牙房价重新趋跌。第2，3季度，房价环比分别下跌0.3%和1.5%。

三、新加坡、韩国、澳大利亚、中国香港等区域房价涨幅明显缩小

2010 年，新加坡、韩国、澳大利亚、中国香港等区域房价继续上涨，在政府防止房市泡沫措施的作用下，涨幅有所回落（见图 5—7、表 5—1）。

新加坡房价涨势趋缓。房价环比涨幅从第 1，2 季度的 5.6%和 5.3%，回落到第 3 季度的 2.9%，涨幅明显缩小。

韩国房价趋稳。第 1，2 季度，房价分别上涨 0.59%和 0.49%，第 3 季度出现下跌。在政府采取收紧房贷条件等行动干预下，首尔等中心城市房屋交易量大幅下降，房价趋于稳定，房市回归正常。

澳大利亚房价涨势减缓。在央行持续加息下，住房抵押贷款利率上升，房贷需求下降，房价涨幅逐季缩小，从第 1 季度的 3.5%，回落到第 2，3 季度的 2.0%和 0.3%。

中国香港房价继续上涨。第 1，2，3 季度，房价环比分别上涨 5.9%，4.0%和 5.0%。为抑制房屋炒作行为，香港特区政府采取了公开房市信息、提高购房税率、增加土地供应以及限制外地人购房等措施，下半年房屋销量锐减，但房价继续上涨。

日本房价有所回升。第 1，2，3 季度，房价环比分别上涨 2.0%，0.4%和 2.0%。在政府实行对节能房屋建筑补贴和减税政策的刺激下，新房开工数量从 5 月份的 6 万套持续增加到 11 月份的 7.3 万套，但仍低于长期平均水平。国内经济不景气、持久通缩等问题极大遏制购房需求，日本房市低迷状况在中短期内很难改变。

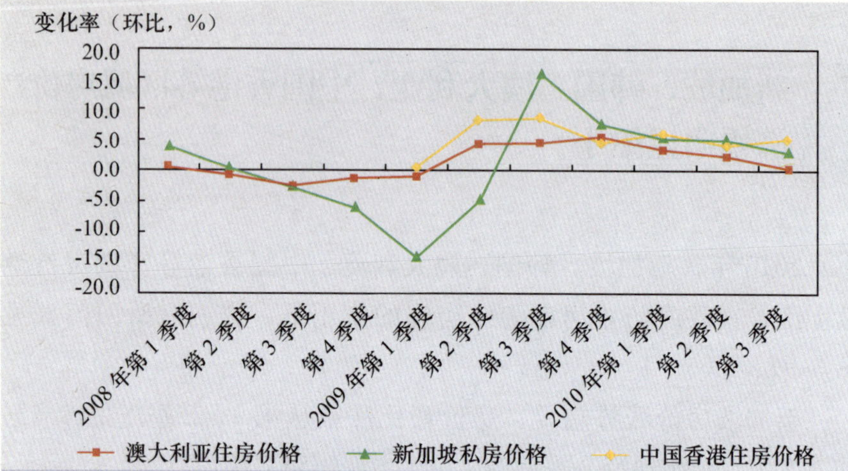

图 5—7　2008—2010 年澳大利亚、新加坡和中国香港等区域房价变动情况

表 5—1　　2009—2010 年世界主要经济体房价环比变动情况

	2009 年				2010 年		
	第 1 季度	第 2 季度	第 3 季度	第 4 季度	第 1 季度	第 2 季度	第 3 季度
美国：FHFA 购房价格指数	−0.37	−0.68	−0.18	−0.22	−2.06	0.68	−1.59
美国：标普	−5.80	3.10	3.30	−1.10	−2.90	4.70	−2.00
加拿大	−1.44	−1.26	0.28	0.97	0.90	0.70	0.21
英国	−4.54	2.91	3.95	1.22	0.48	3.58	−1.00
德国	−2.92	−1.56	0.81	1.57	0.12	−0.04	1.13
法国	−0.97	3.88	−1.00	0.41	−1.45	0.60	1.07
挪威	4.15	5.28	1.78	0.00	3.41	3.67	−0.50
瑞典	−1.45	4.00	2.63	1.78	1.94	2.28	0.56
荷兰	−0.98	−2.25	−1.23	−0.68	−0.25	0.22	0.13
葡萄牙	−0.3	0.44	0.88	0.96	1.3	−0.26	−1.54
西班牙	−3.02	−1.89	−0.94	−0.58	−1.37	−0.91	−0.90
爱尔兰	−2.96	−4.19	−3.91	−7.74	−4.77	−1.69	−1.33
希腊	−3.60	−0.31	−1.83	1.54	−0.35	−1.40	−2.91
日本	−2.41	−0.35	0.89	−0.07	1.95	0.35	1.98
新加坡	−14.07	−4.72	15.75	7.39	5.61	5.26	2.93
韩国	−0.39	0.00	0.89	1.18	0.59	0.49	—
中国香港	0.22	8.35	8.62	4.56	5.94	4.02	4.99
澳大利亚	−0.8	4.28	4.42	5.49	3.45	2.04	0.13

资料来源：各经济体央行、统计局等官方相关网站。

四、预计 2011 年美、英等国房市颓势难改，房价继续下跌

2011 年，美国、英国以及欧元区一些重债务国家经济复苏滞缓，失业率居高不下，房屋需求难以回升，预计房市继续低迷，房价继续下跌。止赎房比例上升，房屋供应过度，仍是 2011 年美国房价下行的主要压力。而房屋消费需求不足，居民购房能力低，则是美国、英国等国家房价继续下跌的关键原因。2011 年抑制购房需求的主要因素有：

一是经济复苏依然滞缓。随着欧洲主权债务危机的进一步扩大和加深，金融风险和压力依存，信贷条件很难出现明显改善；政府各项经济刺激政策已基本结束，财政政策转向紧缩，相继实施增税、减员、减薪、减支等措施，使得投资信心和消费需求回升无力；国际石油价格持续攀升，通胀压力渐起，加大经济回升难度；汇率之争和贸易保护主义加剧，国际贸易活动减弱。2011 年世界经济形势依然不容乐观，复苏步伐仍将十分缓慢。鉴于世界经济前景存在很多不确定因素，近几个月以来美国、欧元区制造业采购经理人指数、消费者信心指数等主要经济景气指标仍在低位波动反复，预示未来经济运行环境更为复杂、道路依然曲折。多数机构预测，2011 年美国、欧元区、英国经济增长率要低于 2010 年。预计 2011 年，美国经济增长 2.2%，比 2010 年低 0.6 个百分点；欧元区增长 0.5%，低 1.1 个百分点；英国增长 1.4%，低 0.3 个百分点。

二是失业率居高不下。2010 年美国、欧元区、英国等发达国家和地区失业率持续高位运行。其中，11 月份美国升至 9.8%，欧元区升至 10.1%，英国为 7.8%。预计 2011 年这些发达国家和地

区的失业率仍将维持在较高的水平上。高失业率严重打击了消费支出信心，降低个人消费支出能力，减少实际消费支出。

三是税率提高，福利开支削减。2009年，美国财政赤字占GDP比重近9%，英国为11.4%，欧元区成员国平均为6.3%，其中希腊、爱尔兰、葡萄牙、西班牙分别为15.4%，14.4%，9.3%和11.1%。财政紧缩将是2011年欧元区和英国财政政策的主基调，不仅使经济增长失去必要的政策刺激，而且还因增税、减员、减薪、减少福利开支等措施而降低消费能力，抑制个人消费需求，加重消费者支出负担。

四是金融风险难消，住房信贷市场萎缩。美国、欧元区、英国央行不仅将主导利率维持在历史最低水平，而且继续实行量化宽松的货币政策，降低抵押贷款利率，努力恢复住房信贷市场。但是，随着主权债务危机的扩大和加深，金融风险和压力进一步加重。银行提高信贷条件，控制信贷风险；居民融资困难，成本提高，住房信贷市场出现萎缩趋势。英国、欧元区目前住房信贷趋弱的状况在近期明显改善的可能性不大。据欧洲央行调查，尽管银行贷款条件有所放松，但由于对房市前景不乐观，房贷需求持续下降，房价继续下跌。美国抵押银行协会预计，2011年美国首次抵押贷款数量要比2010年减少36%，房价跌幅在5%左右。

附　录

附表 1　宏观经济主要指标（%）

主要指标	2009 年				2010 年			
	一季度	上半年	前三季度	全年	一季度	上半年	前三季度	全年
国内生产总值（GDP）增速	6.6	7.5	8.2	9.2	11.9	11.1	10.6	10.3
其中：服务业增加值增速	7.9	8.5	9.3	9.6	10.2	9.6	9.5	9.5
其中：房地产业增加值增速	8.6	10.6	11.4	11.3	10.1	6.1	4.8	5.8
居民消费价格总指数（CPI）	99.4	98.9	98.9	99.3	102.2	102.6	102.9	103.3
工业品出厂价格指数（PPI）	95.4	94.1	93.5	94.6	105.2	106.0	105.5	105.5
固定资产投资价格指数	98.8	97.4	97.1	97.6	101.9	102.7	103.0	103.6
钢材价格指数	88.5	84.4	83.7	85.3	99.9	103.3	103.7	105.0
水泥价格指数	102.7	101.6	100.6	100.4	101.5	101.1	101.5	103.1
木材价格指数	102.3	101.7	101.5	101.5	101.6	103.4	103.4	103.8
货币供应量（M2）增长速度	25.5	28.5	29.3	27.7	22.5	18.5	19.0	19.7
金融机构人民币存款余额增速	25.7	29.0	28.4	28.2	22.1	19.0	20.0	20.2
金融机构人民币贷款余额增速	27.0	34.4	34.2	31.7	21.8	18.2	18.5	19.9

注：国内生产总值（GDP）增速、服务业增加值增速和房地产业增加值增速为累计不变价增长速度，其中，2009 年各季度数据为最终核实数，2010 年各季度数据为初步核算数。

附表 2

2010 年全国房地产开发投资情况

主要指标	房地产开发投资（亿元）		比上年同期增长（%）	比重（%）	
	自年初累计	上年同期		自年初累计	上年同期
投资完成额	**48 267.07**	**36 241.81**	**33.2**	**100.0**	**100.0**
其中：土地开发投资	1 729.22	1 679.76	2.9	3.6	4.6
配套工程投资	1 112.56	1 037.27	7.3	2.3	2.9
一、按工程用途分					
住宅，其中：	34 038.14	25 613.69	32.9	70.5	70.7
90 平方米以下住房	10 665.29	8 371.71	27.4	22.1	23.1
140 平方米以上住房	6 697.52	5 166.90	29.6	13.9	14.3
经济适用房	1 067.44	1 134.08	−5.9	2.2	3.1
别墅、高档公寓	2 827.39	2 073.34	36.4	5.9	5.7
办公楼	1 806.55	1 377.21	31.2	3.7	3.8
商业营业用房	5 598.84	4 180.66	33.9	11.6	11.5
其他	6 823.54	5 070.25	34.6	14.1	14.0
二、按构成分					
建筑工程	30 566.47	23 829.64	28.3	63.3	65.8
安装工程	2 518.82	2 009.69	25.3	5.2	5.5
设备工器具购置	554.05	454.12	22.0	1.1	1.3
其他费用	14 627.74	9 948.35	47.0	30.3	27.4
其中：土地购置费	9 992.11	6 023.71	65.9	20.7	16.6
计划总投资	**224 030.38**	**167 348.18**	**33.9**		
新增固定资产	**21 654.89**	**18 630.72**	**16.2**		

附表 3　　2010年各地区房地产开发投资情况

地区	投资额（亿元）	住宅	经济适用房	比上年同期增长（%）	住宅	经济适用房
全国总计	**48 267.07**	**34 038.14**	**1 067.44**	**33.2**	**32.9**	**−5.9**
一、东部地区	**28 009.07**	**19 233.00**	**598.35**	**32.7**	**33.2**	**5.7**
北　京	2 901.07	1 508.95	48.98	24.1	66.4	−27.7
天　津	866.64	565.39	126.77	17.9	14.3	13.3
河　北	2 264.83	1 785.65	27.42	49.0	46.5	12.5
辽　宁	3 465.76	2 481.10	50.38	31.3	28.3	−21.0
上　海	1 980.68	1 229.83	117.57	35.5	33.9	200.1
江　苏	4 301.85	3 159.94	99.22	28.9	30.4	−10.7
浙　江	3 030.04	2 058.47	33.85	34.4	30.2	−39.1
福　建	1 818.86	975.13	16.50	60.1	31.2	−11.2
山　东	3 251.78	2 513.40	48.99	33.9	35.1	−14.8
广　东	3 659.69	2 538.02	24.66	23.6	21.4	55.9
海　南	467.87	417.11	4.03	62.5	59.3	
二、中部地区	**10 516.65**	**7 859.67**	**245.14**	**32.4**	**31.3**	**−17.9**
山　西	592.24	457.45	22.53	24.1	21.1	71.6
吉　林	921.01	731.82	36.22	21.7	20.9	−16.7
黑龙江	843.12	656.93	12.33	49.5	48.5	−59.2

续前表

地区	投资额（亿元）	住宅	经济适用房	比上年同期增长（%）	住宅	经济适用房
安　徽	2 251.80	1 607.83	27.45	34.9	36.8	13.8
江　西	706.82	544.77	11.40	11.4	7.0	−26.4
河　南	2 114.08	1 685.21	61.87	36.1	36.4	3.4
湖　北	1 618.24	1 040.86	40.34	34.8	29.4	−45.8
湖　南	1 469.33	1 134.79	32.99	35.5	35.4	−12.8
三、西部地区	**9 741.35**	**6 945.47**	**223.95**	**35.3**	**33.8**	**−16.9**
内蒙古	1 120.02	782.14	39.09	37.3	36.3	−27.4
广　西	1 206.22	878.89	21.81	48.2	52.3	88.2
重　庆	1 620.26	1 091.49	58.99	30.8	38.3	−10.1
四　川	2 194.63	1 535.28	6.20	38.2	33.5	−34.0
贵　州	556.69	328.63	20.16	49.9	31.7	−0.3
云　南	900.44	654.67	12.47	22.1	18.4	−36.5
西　藏	8.96	6.99	0.06	−43.1	−38.6	−89.0
陕　西	1 160.23	938.53	33.89	23.2	20.2	−18.0
甘　肃	266.41	187.93	17.37	30.5	35.9	−16.7
青　海	108.19	75.20	1.95	48.5	37.8	218.0
宁　夏	254.37	187.29	4.18	56.3	48.5	−57.7
新　疆	344.93	278.43	7.78	46.2	47.9	−51.6

附表 4

2010 年全国房地产开发投资资金来源

来源种类	资金来源（亿元）		比上年同期增长（%）	比重（%）	
	自年初累计	上年同期		自年初累计	上年同期
一、自年初累计资金来源合计	**87 803. 17**	**66 545. 54**	**31. 9**		
1. 上年末结余资金	**15 308. 84**	**8 746. 51**	**75. 0**		
2. 本年资金来源小计	**72 494. 34**	**57 799. 04**	**25. 4**	**100. 0**	**100. 0**
（1）国内贷款	12 540. 48	11 364. 51	10. 3	17. 3	19. 7
其中：银行贷款	11 363. 81	10 371. 25	9. 6	15. 7	17. 9
非银行金融机构贷款	1 176. 67	993. 26	18. 5	1. 6	1. 7
（2）利用外资	795. 56	479. 39	66. 0	1. 1	0. 8
其中：外商直接投资	676. 96	403. 32	67. 8	0. 9	0. 7
（3）自筹资金	26 704. 58	17 949. 12	48. 8	36. 8	31. 1
其中：自有资金	14 172. 97	9 858. 88	43. 8	19. 6	17. 1
（4）其他资金	32 453. 72	28 006. 01	15. 9	44. 8	48. 5
其中：定金及预收款	19 019. 75	16 217. 49	17. 3	26. 2	28. 1
个人按揭贷款	9 210. 92	8 561. 65	7. 6	12. 7	14. 8
二、各项应付款合计	**8 220. 16**	**6 356. 41**	**29. 3**	**100. 0**	**100. 0**
其中：工程款	4 007. 74	3 296. 94	21. 6	48. 8	51. 9

附表5　2010年各地区房地产开发投资资金来源

单位：亿元

地区	本年资金来源小计	国内贷款	利用外资	自筹资金	其他资金
全国总计	**72 494.34**	**12 540.48**	**795.56**	**26 704.58**	**32 453.72**
一、东部地区	**45 186.36**	**8 837.85**	**545.78**	**15 556.96**	**20 245.77**
北　京	5 790.61	1 439.08	13.90	1 762.97	2 574.66
天　津	1 665.54	539.59	8.34	457.74	659.88
河　北	2 686.64	285.61	3.00	1 488.79	909.25
辽　宁	5 071.82	622.72	177.28	2 802.48	1 469.34
上　海	3 229.29	819.57	96.05	1 070.88	1 242.78
江　苏	7 856.73	1 544.85	93.68	2 165.13	4 053.08
浙　江	5 385.57	1 020.20	24.47	1 267.41	3 073.48
福　建	2 527.86	436.09	18.17	1 016.44	1 057.16
山　东	4 431.35	756.57	18.87	1 787.79	1 868.11
广　东	5 743.77	1 237.93	91.30	1 581.64	2 832.90
海　南	797.18	135.65	0.71	155.70	505.12
二、中部地区	**13 360.42**	**1 642.18**	**114.02**	**5 952.15**	**5 652.07**
山　西	786.46	87.54		288.43	410.49
吉　林	968.45	62.11	0.04	596.93	309.38
黑龙江	1 044.61	48.55	1.50	645.77	348.79

续前表

地区	本年资金来源小计	国内贷款	利用外资	自筹资金	其他资金
安　徽	2 863.70	323.73	6.18	1 211.07	1 322.72
江　西	1 008.16	146.40	2.90	391.29	467.57
河　南	2 468.79	244.50	1.76	1 336.57	885.96
湖　北	2 216.43	415.43	97.29	782.56	921.16
湖　南	2 003.80	313.93	4.35	699.53	986.00
三、西部地区	**13 947.56**	**2 060.45**	**135.76**	**5 195.47**	**6 555.88**
内蒙古	1 168.55	50.28	0.16	938.19	179.91
广　西	1 538.57	248.60	8.59	547.43	733.96
重　庆	2 859.53	534.72	83.93	685.00	1 505.89
四　川	3 143.99	436.83	33.33	1 204.90	1 468.94
贵　州	926.97	160.18	0.72	268.89	497.18
云　南	1 300.66	160.82	0.85	461.22	677.78
西　藏	14.99	0.37		10.27	4.35
陕　西	1 692.23	219.00	5.62	648.01	819.60
甘　肃	317.21	56.60		132.70	127.92
青　海	124.73	26.90	2.32	56.78	38.72
宁　夏	359.14	56.07	0.25	103.32	199.50
新　疆	500.99	60.10		138.76	302.13

附表 6　2010 年全国房地产土地开发与销售情况

主要指标	实际完成		比上年同期增减	
	自年初累计	上年同期	绝对数	%
一、土地开发与购置情况				
1. 本年购置土地面积（万平方米）	40 969.53	31 909.45	9 060.1	28.4
2. 完成开发土地面积（万平方米）	21 253.66	23 037.40	−1 783.7	−7.7
3. 本年土地成交价款（亿元）	8 122.88	5 150.14	2 972.7	57.7
4. 待开发土地面积（万平方米）	31 031.80	32 816.54	−1 784.7	−5.4
二、房屋建筑、销售面积				
1. 施工面积（万平方米）	405 538.91	320 368.16	85 170.8	26.6
其中：新开工面积	163 776.67	116 422.05	47 354.6	40.7
2. 竣工面积（万平方米）	75 960.97	72 677.43	3 283.5	4.5
其中：不可销售面积	4 319.25	4 118.90	200.4	4.9
3. 商品房销售面积（万平方米）	104 349.11	94 755.00	9 594.1	10.1
其中：期房销售面积	78 174.55	67 190.94	10 983.6	16.3
三、房屋竣工价值（亿元）	**16 973.69**	**14 689.37**	**2 284.3**	**15.6**
四、商品房销售额（亿元）	**52 478.72**	**44 355.17**	**8 123.6**	**18.3**
其中：期房销售额	41 656.74	33 334.24	8 322.5	25.0

附表 7　2010 年各地区商品房销售面积增长情况

地区	销售面积（万平方米）			比上年同期增长（%）		
		现房	期房	销售面积	现房	期房
全国总计	**104 349.11**	**26 174.56**	**78 174.55**	**10.1**	**-5.0**	**16.3**
一、东部地区	**50 822.01**	**12 520.05**	**38 301.97**	**4.1**	**-9.4**	**9.5**
北　京	1 639.53	411.28	1 228.25	-30.6	-33.0	-29.7
天　津	1 564.52	423.54	1 140.98	-1.6	-9.5	1.7
河　北	4 532.99	889.03	3 643.96	52.8	45.9	54.6
辽　宁	6 798.15	2 236.85	4 561.31	26.5	8.3	37.8
上　海	2 055.53	623.75	1 431.78	-39.0	-24.4	-43.8
江　苏	9 377.74	1 894.86	7 482.88	-8.5	-26.2	-2.6
浙　江	4 809.96	709.67	4 100.28	-13.1	-17.4	-12.4
福　建	2 575.65	346.30	2 229.35	-5.4	-15.4	-3.7
山　东	9 291.21	2 513.46	6 777.75	32.4	-4.2	54.3
广　东	7 322.01	2 333.28	4 988.73	3.7	-12.3	13.4
海　南	854.73	138.03	716.70	52.3	11.4	63.9
二、中部地区	**26 223.44**	**7 965.38**	**18 258.06**	**19.9**	**3.6**	**28.7**
山　西	1 163.38	326.09	837.29	12.5	-16.2	29.8
吉　林	2 319.64	822.78	1 496.85	19.3		33.4
黑龙江	2 718.06	769.95	1 948.11	34.8	-10.5	68.5

续前表

地区	销售面积（万平方米）			比上年同期增长（%）		
		现房	期房	销售面积	现房	期房
安　徽	4 113.88	688.38	3 425.49	2.1	−16.9	7.0
江　西	2 469.67	872.66	1 597.01	8.3	3.0	11.4
河　南	5 452.23	1 910.83	3 541.40	25.8	17.8	30.5
湖　北	3 513.63	1 207.77	2 305.85	29.3	12.2	40.4
湖　南	4 472.97	1 366.91	3 106.06	27.3	10.3	36.6
三、西部地区	**27 303.66**	**5 689.13**	**21 614.53**	**13.5**	**−6.0**	**20.0**
内蒙古	3 020.54	1 484.32	1 536.22	17.0	20.4	13.9
广　西	2 793.92	420.31	2 373.61	17.2	−4.6	22.2
重　庆	4 314.39	615.67	3 698.73	7.8	−17.4	13.5
四　川	6 396.92	1 201.19	5 195.74	7.2	−7.5	11.3
贵　州	1 730.69	219.89	1 510.80	4.7	−48.3	23.1
云　南	2 959.43	456.29	2 503.14	32.7	4.4	39.6
西　藏	19.09	10.28	8.81	−69.8	−69.5	−70.2
陕　西	2 590.18	319.12	2 271.06	24.1	−12.7	31.9
甘　肃	756.51	252.06	504.45	8.3	−11.0	21.4
青　海	281.04	45.55	235.49	29.6	−19.0	46.7
宁　夏	935.98	298.33	637.65	20.7	−4.9	38.2
新　疆	1 504.96	366.13	1 138.83	7.0	−12.9	15.5

附表 8　　2010 年各地区住宅销售面积增长情况

地区	销售面积（万平方米）			比上年同期增长（%）		
		现房	期房	销售面积	现房	期房
全国总计	**93 051.56**	**21 667.19**	**71 384.37**	**8.0**	**-8.7**	**14.3**
一、东部地区	**44 308.52**	**10 005.15**	**34 303.36**	**1.3**	**-14.1**	**6.8**
北　京	1 201.39	218.11	983.28	-36.1	-46.8	-33.1
天　津	1 352.61	304.09	1 048.52	-7.4	-18.4	-3.7
河　北	4 213.12	792.09	3 421.03	49.4	39.6	51.9
辽　宁	6 011.37	1 906.78	4 104.59	23.6	6.7	33.4
上　海	1 685.35	459.40	1 225.95	-42.4	-29.8	-46.1
江　苏	8 041.62	1 445.53	6 596.09	-11.0	-31.5	-4.7
浙　江	3 832.98	385.98	3 447.00	-19.5	-33.7	-17.5
福　建	2 139.26	202.62	1 936.64	-11.6	-32.5	-8.7
山　东	8 443.23	2 206.30	6 236.94	30.3	-7.1	52.0
广　东	6 553.40	1 957.74	4 595.66	-0.2	-17.2	9.4
海　南	834.19	126.51	707.67	52.8	7.3	65.4
二、中部地区	**23 848.79**	**6 931.96**	**16 916.83**	**18.7**	**1.4**	**27.7**
山　西	1 057.33	278.23	779.10	9.7	-20.6	26.9
吉　林	2 062.73	704.83	1 357.85	17.3	-1.9	30.6
黑龙江	2 380.76	617.84	1 762.91	35.9	-12.6	68.8

续前表

地区	销售面积（万平方米）	现房	期房	比上年同期增长（%）		
				销售面积	现房	期房
安　徽	3 604.87	554.27	3 050.61	−1.1	−20.4	3.4
江　西	2 265.66	791.00	1 474.66	7.5	2.9	10.1
河　南	5 092.49	1 728.57	3 363.92	26.8	16.5	32.7
湖　北	3 241.90	1 056.19	2 185.70	25.8	6.7	37.7
湖　南	4 143.06	1 200.98	2 942.07	27.0	6.7	37.7
三、西部地区	**24 894.26**	**4 730.08**	**20 164.18**	**11.4**	**−10.1**	**18.1**
内蒙古	2 534.81	1 235.52	1 299.29	12.5	17.9	7.7
广　西	2 607.15	360.33	2 246.82	15.9	−7.3	20.7
重　庆	3 986.31	447.48	3 538.83	5.7	−29.1	12.7
四　川	5 849.34	1 015.31	4 834.03	5.3	−8.7	8.9
贵　州	1 596.30	186.11	1 410.19	3.5	−52.3	22.4
云　南	2 658.99	375.89	2 283.09	30.3	0.8	36.9
西　藏	18.57	9.84	8.73	−69.8	−69.9	−69.6
陕　西	2 471.95	300.55	2 171.40	23.9	−9.9	30.6
甘　肃	692.07	219.75	472.31	5.0	−16.7	19.4
青　海	266.43	39.60	226.83	28.1	−23.6	45.2
宁　夏	816.79	229.11	587.67	20.5	−10.7	39.5
新　疆	1 395.55	310.58	1 084.97	5.2	−18.2	14.6

附表 9 2010 年各地区办公楼销售面积增长情况

地区	销售面积（万平方米）	现房	期房	比上年同期增长（%）		
				销售面积	现房	期房
全国总计	**1 882.00**	**561.45**	**1 320.54**	**21.9**	**7.0**	**29.5**
一、东部地区	**1 318.51**	**396.52**	**921.99**	**17.5**	**3.0**	**25.0**
北 京	208.15	57.66	150.49	−18.6	−30.6	−12.9
天 津	35.29	30.11	5.18	19.4	15.7	46.8
河 北	38.74	5.55	33.19	103.3	4.8	141.3
辽 宁	64.71	22.50	42.21	114.7	59.0	164.0
上 海	162.89	61.21	101.69	−19.8	6.5	−30.1
江 苏	204.09	63.01	141.07	7.0	15.5	3.5
浙 江	271.91	54.94	216.96	35.5	4.1	46.7
福 建	82.20	16.26	65.95	149.6	31.6	220.3
山 东	82.50	27.90	54.61	32.6	21.1	39.4
广 东	162.56	54.12	108.44	72.4	−3.9	185.6
海 南	5.47	3.28	2.20	38.7		−43.8
二、中部地区	**246.52**	**89.44**	**157.08**	**23.3**	**20.0**	**25.3**
山 西	10.76	4.20	6.56	28.9	−45.7	
吉 林	6.99	2.55	4.44	−28.0	−51.7	0.3
黑龙江	8.21	5.01	3.20	−57.7	−61.3	−50.4

续前表

地区	销售面积（万平方米）	现房	期房	比上年同期增长（%）销售面积	现房	期房
安　徽	87.28	14.62	72.67	76.2	−15.8	125.8
江　西	19.02	11.18	7.83	106.5	58.1	266.7
河　南	60.79	14.97	45.83	−7.8	128.3	−22.8
湖　北	24.19	20.28	3.91	71.5	316.8	−57.6
湖　南	29.27	16.63	12.64	24.1	31.0	16.0
三、西部地区	**316.97**	**75.50**	**241.47**	**42.7**	**16.3**	**53.6**
内蒙古	29.73	10.01	19.71	7.6	−23.6	35.9
广　西	18.58	3.71	14.86	49.3	204.1	32.4
重　庆	62.60	27.88	34.72	114.8	109.2	119.5
四　川	83.84	7.09	76.76	33.2	−40.8	50.6
贵　州	26.27	2.54	23.73	30.6	−20.5	40.2
云　南	21.50	7.31	14.18	−6.4	29.2	−18.0
西　藏						
陕　西	40.04	2.71	37.34	103.1	−43.9	150.7
甘　肃	5.67	3.89	1.78	−12.5	75.9	−58.4
青　海	1.00	0.04	0.96	−28.0	−91.7	
宁　夏	15.40	7.28	8.11	30.5	34.0	27.6
新　疆	12.35	3.03	9.32	63.3	−14.8	132.8

附表 10　2010 年各地区商业营业用房销售面积增长情况

地区	销售面积（万平方米）			比上年同期增长（%）		
		现房	期房	销售面积	现房	期房
全国总计	**6 921.46**	**2 958.93**	**3 962.53**	**29.9**	**17.2**	**41.4**
一、东部地区	**3 658.72**	**1 516.97**	**2 141.76**	**29.7**	**15.1**	**42.4**
北　京	142.07	76.25	65.82	−9.5	−4.2	−15.0
天　津	103.64	61.91	41.73	70.3	58.2	92.3
河　北	192.97	58.95	134.02	118.0	117.4	118.3
辽　宁	509.86	254.89	254.97	29.4	12.7	51.9
上　海	125.56	66.17	59.39	−0.7	−0.9	−0.6
江　苏	954.70	331.00	623.70	10.0	−4.7	19.8
浙　江	458.49	193.10	265.39	27.0	32.3	23.5
福　建	176.37	55.06	121.30	45.4	14.1	66.2
山　东	609.86	232.52	377.33	58.8	20.6	97.2
广　东	371.28	179.12	192.16	48.8	28.8	74.0
海　南	13.92	7.99	5.93	27.5	43.5	10.8
二、中部地区	**1 739.20**	**778.23**	**960.97**	**32.7**	**23.0**	**41.9**
山　西	80.49	32.72	47.77	51.3	30.6	69.7
吉　林	206.08	97.29	108.79	48.1	22.9	81.3
黑龙江	237.17	113.17	123.99	23.4	1.0	54.8

续前表

地区	销售面积（万平方米）			比上年同期增长（%）		
		现房	期房	销售面积		
					现房	期房
安　徽	386.86	105.15	281.71	29.4	1.1	44.4
江　西	150.52	59.03	91.49	24.7	10.2	36.3
河　南	246.44	138.46	107.98	13.0	22.3	2.9
湖　北	183.77	107.40	76.37	72.4	55.3	104.0
湖　南	247.87	125.00	122.87	36.8	63.1	17.5
三、西部地区	**1 523.53**	**663.73**	**859.81**	**27.4**	**15.6**	**38.3**
内蒙古	353.60	181.74	171.86	45.7	37.6	55.3
广　西	108.21	39.51	68.70	29.2	7.5	46.2
重　庆	194.25	99.00	95.25	23.6	32.0	16.0
四　川	294.25	114.23	180.02	14.8	−12.2	42.7
贵　州	80.91	24.92	55.99	7.8	−3.6	13.9
云　南	182.56	54.48	128.08	38.2	14.7	51.4
西　藏	0.52	0.44	0.08	−71.6	−57.4	−89.6
陕　西	63.36	13.01	50.35	−3.1	−47.1	23.5
甘　肃	53.44	27.71	25.74	73.4	65.3	83.0
青　海	13.21	5.69	7.53	99.1	65.6	135.1
宁　夏	89.94	55.27	34.68	14.2	16.5	10.8
新　疆	89.27	47.74	41.53	35.6	41.6	29.4

附表 11 2010 年各地区商品房销售额增长情况

地区	销售额（亿元）	现房	期房	比上年同期增长（%）		
				销售额	现房	期房
全国总计	**52 478.72**	**10 821.98**	**41 656.74**	**18.3**	**−1.8**	**25.0**
一、东部地区	**33 203.34**	**6 817.05**	**26 386.28**	**10.1**	**−7.9**	**16.0**
北 京	2 915.36	624.30	2 291.07	−10.6	−24.7	−5.7
天 津	1 282.43	330.32	952.11	17.1	−6.2	28.2
河 北	1 605.82	282.47	1 323.34	65.9	66.1	65.8
辽 宁	3 059.88	884.72	2 175.16	41.1	17.0	54.0
上 海	2 959.94	773.95	2 185.99	−31.6	−26.1	−33.4
江 苏	5 430.71	904.16	4 526.54	6.4	−19.9	13.8
浙 江	4 448.70	450.86	3 997.84	2.6	−5.3	3.6
福 建	1 610.99	204.93	1 406.06	9.0	−8.8	12.2
山 东	3 666.42	889.45	2 776.96	49.1	6.4	71.1
广 东	5 476.48	1 389.29	4 087.19	19.1	−8.3	32.6
海 南	746.61	82.60	664.01	112.4	27.7	131.5
二、中部地区	**9 138.84**	**2 233.53**	**6 905.31**	**39.7**	**14.0**	**50.8**
山 西	404.59	82.00	322.59	44.5	−12.7	73.3
吉 林	836.65	239.03	597.62	47.5	16.0	65.5
黑龙江	1 010.10	243.23	766.87	54.5	−5.9	94.0

续前表

地区	销售额（亿元）	现房	期房	比上年同期增长（%）		
				销售额	现房	期房
安　徽	1 732.66	237.00	1 495.66	25.7	−1.2	31.4
江　西	776.40	254.76	521.63	28.8	33.7	26.5
河　南	1 658.79	438.82	1 219.97	43.5	36.6	46.2
湖　北	1 313.14	371.47	941.67	36.8	11.9	50.0
湖　南	1 406.52	367.21	1 039.31	49.4	15.7	66.5
三、西部地区	**10 136.54**	**1 771.40**	**8 365.14**	**32.2**	**6.6**	**39.3**
内蒙古	1 065.03	424.41	640.63	38.8	30.5	44.9
广　西	995.19	129.28	865.90	28.1	3.2	32.8
重　庆	1 846.94	250.75	1 596.19	34.1	3.6	40.5
四　川	2 647.34	378.47	2 268.87	26.4	8.2	30.1
贵　州	581.01	67.13	513.88	22.3	−44.3	44.9
云　南	934.60	153.88	780.72	43.0	30.6	45.7
西　藏	5.55	3.32	2.23	−64.2	−66.1	−60.9
陕　西	973.44	90.92	882.52	44.7	−9.8	54.3
甘　肃	227.81	69.45	158.37	31.3	3.2	49.1
青　海	84.40	12.50	71.90	54.6	−6.8	74.6
宁　夏	309.22	89.10	220.12	29.1	4.6	42.6
新　疆	466.02	102.21	363.81	27.2	−2.1	38.9

附表 12　　2010 年各地区住宅销售额增长情况

地区	销售额（亿元）	现房	期房	比上年同期增长（%）		
				销售额	现房	期房
全国总计	**43 953.33**	**7 899.69**	**36 053.64**	**14.4**	**−9.3**	**21.3**
一、东部地区	**27 448.77**	**4 885.07**	**22 563.70**	**5.7**	**−15.7**	**11.8**
北　京	2 060.52	360.72	1 699.80	−17.1	−34.9	−12.0
天　津	1 070.27	225.66	844.61	10.9	−10.2	18.3
河　北	1 453.64	242.83	1 210.81	60.6	55.9	61.6
辽　宁	2 585.07	701.79	1 883.29	37.3	15.1	47.9
上　海	2 395.35	557.40	1 837.94	−33.8	−30.8	−34.7
江　苏	4 462.03	624.15	3 837.88	2.8	−29.4	11.0
浙　江	3 573.11	217.37	3 355.75	−4.9	−26.9	−3.0
福　建	1 299.83	125.85	1 173.98	0.1	−24.0	3.6
山　东	3 223.36	739.92	2 483.44	46.8	2.4	68.6
广　东	4 591.50	1 012.85	3 578.65	9.9	−21.4	23.9
海　南	734.10	76.53	657.56	113.7	23.0	133.8
二、中部地区	**7 809.74**	**1 720.33**	**6 089.36**	**37.2**	**7.4**	**48.8**
山　西	351.64	63.48	288.16	43.0	−17.1	70.1
吉　林	711.87	189.17	522.70	45.2	13.4	61.7
黑龙江	830.41	166.37	664.04	54.6	−12.9	91.9

续前表

地区	销售额（亿元）			比上年同期增长（%）		
		现房	期房	销售额	现房	期房
安　徽	1 408.41	165.98	1 242.43	19.4	−6.6	24.0
江　西	670.33	213.85	456.48	26.3	31.2	24.2
河　南	1 454.57	359.00	1 095.57	44.7	33.0	49.0
湖　北	1 134.64	275.58	859.06	29.0	−4.8	45.7
湖　南	1 247.87	286.95	960.91	51.1	7.3	72.0
三、西部地区	**8 694.82**	**1 294.24**	**7 400.58**	**28.5**	**−1.3**	**35.7**
内蒙古	755.67	313.58	442.09	26.6	29.5	24.6
广　西	881.70	96.80	784.90	25.1	−7.2	30.7
重　庆	1 610.64	139.80	1 470.85	30.8	−21.5	39.6
四　川	2 330.85	299.10	2 031.75	22.2	5.5	25.2
贵　州	501.63	50.57	451.06	23.2	−50.0	47.3
云　南	769.32	107.43	661.89	38.5	21.3	41.7
西　藏	5.15	2.99	2.16	−65.0	−67.5	−60.6
陕　西	906.00	81.13	824.87	45.8	−2.2	53.2
甘　肃	201.47	55.72	145.75	27.5	−5.1	46.8
青　海	77.06	10.07	66.99	51.7	−14.7	71.7
宁　夏	253.76	59.59	194.18	32.5	−3.3	49.5
新　疆	401.57	77.46	324.11	22.7	−13.2	36.2

附表 13　　2010 年各地区办公楼销售额增长情况

地区	销售额（亿元）	现房	期房	比上年同期增长（%）		
				销售额	现房	期房
全国总计	**2 148.81**	**558.60**	**1 590.21**	**31.2**	**7.2**	**42.3**
一、东部地区	**1 753.40**	**472.01**	**1 281.39**	**22.5**	**2.1**	**32.2**
北　京	487.32	104.85	382.47	13.0	−18.5	26.4
天　津	48.90	41.08	7.82	48.6	42.0	97.2
河　北	18.24	2.37	15.86	130.9	50.5	151.0
辽　宁	52.45	13.28	39.18	180.4	42.1	318.3
上　海	307.67	102.72	204.96	−29.8	−17.7	−34.7
江　苏	161.12	46.34	114.78	22.5	25.9	21.1
浙　江	300.10	53.63	246.46	72.4	46.5	79.3
福　建	71.78	7.82	63.96	247.4	52.4	311.7
山　东	54.99	19.02	35.97	19.8	19.4	20.0
广　东	247.32	79.36	167.96	92.8	6.5	212.5
海　南	3.53	1.56	1.97	80.6		1.6
二、中部地区	**156.52**	**44.87**	**111.65**	**80.6**	**49.3**	**97.3**
山　西	6.06	2.68	3.38	43.0	−32.9	
吉　林	2.39	0.50	1.88	−20.1	−74.8	91.0
黑龙江	3.54	2.43	1.11	−55.9	−58.9	−47.7

续前表

地区	销售额（亿元）			比上年同期增长（%）		
		现房	期房	销售额		
					现房	期房
安徽	54.19	7.05	47.14	152.8	34.5	191.0
江西	15.70	9.35	6.35	273.3	172.8	
河南	50.31	6.53	43.78	69.1	145.1	61.7
湖北	13.38	11.05	2.33	114.7		−50.6
湖南	10.95	5.28	5.68	12.1	−0.3	26.8
三、西部地区	**238.88**	**41.71**	**197.17**	**98.6**	**45.5**	**115.3**
内蒙古	18.59	5.34	13.25	18.5	−2.2	29.5
广西	14.54	1.63	12.91	84.8	207.3	76.0
重庆	59.70	16.24	43.46	295.8	162.9	388.0
四川	74.16	3.61	70.55	110.7	−39.1	141.2
贵州	13.73	0.82	12.91	48.2	−33.2	60.7
云南	14.47	6.59	7.88	15.1	247.3	−26.2
西藏						
陕西	22.09	1.26	20.83	118.7	−43.7	164.9
甘肃	2.15	1.22	0.93	−27.0	15.1	−50.7
青海	0.22	0.01	0.21	−55.9	−94.2	−31.2
宁夏	8.13	3.27	4.85	34.8	34.6	34.9
新疆	11.10	1.72	9.39	121.4	14.0	167.5

附表 14　2010 年各地区商业营业用房销售额增长情况

地区	销售额（亿元）	现房	期房	比上年同期增长（%）		
				销售额	现房	期房
全国总计	**5 354.02**	**1 964.35**	**3 389.66**	**46.3**	**30.4**	**57.3**
一、东部地区	**3 311.93**	**1 184.09**	**2 127.84**	**44.4**	**27.1**	**56.1**
北　京	318.99	128.41	190.57	6.4	0.2	11.0
天　津	109.31	43.73	65.58	100.6	29.1	217.9
河　北	108.89	27.99	80.90	137.1	154.1	131.7
辽　宁	332.31	143.49	188.82	41.0	17.3	66.7
上　海	197.57	89.92	107.66	2.5	4.3	1.1
江　苏	751.46	216.02	535.44	26.7	11.2	34.3
浙　江	484.10	156.20	327.91	48.2	35.1	55.4
福　建	180.53	45.21	135.32	52.7	14.2	72.1
山　东	342.11	117.64	224.47	74.0	30.0	111.5
广　东	478.14	211.04	267.10	111.9	96.2	126.2
海　南	8.52	4.43	4.09	49.0	101.9	16.1
二、中部地区	**1 035.34**	**413.82**	**621.52**	**52.6**	**42.2**	**60.4**
山　西	44.06	13.76	30.30	56.2	11.9	90.4
吉　林	105.03	42.91	62.12	68.4	36.2	101.3
黑龙江	137.36	60.41	76.96	56.9	19.7	107.6

续前表

地区	销售额（亿元）			比上年同期增长（%）		
		现房	期房	销售额	现房	期房
安　徽	258.56	58.44	200.12	54.2	6.8	77.1
江　西	80.51	28.90	51.60	42.6	36.3	46.4
河　南	137.09	64.26	72.83	20.8	45.6	5.0
湖　北	142.01	78.61	63.41	107.4	107.9	106.9
湖　南	130.71	66.54	64.17	38.8	71.3	16.0
三、西部地区	**1 006.75**	**366.44**	**640.30**	**46.3**	**29.2**	**58.3**
内蒙古	252.77	86.46	166.32	81.7	29.5	129.9
广　西	75.54	25.53	50.01	41.6	54.0	36.0
重　庆	155.46	82.84	72.62	38.5	57.1	21.9
四　川	183.05	54.93	128.11	42.5	8.4	64.6
贵　州	56.76	14.22	42.54	5.4	−13.0	13.4
云　南	118.48	33.64	84.84	62.1	42.9	71.3
西　藏	0.40	0.33	0.08	−51.0	−44.3	−67.3
陕　西	40.11	7.33	32.78	1.7	−50.9	33.6
甘　肃	23.00	12.37	10.62	88.9	66.7	123.8
青　海	7.00	2.35	4.65	119.4	70.7	156.4
宁　夏	43.97	24.66	19.30	8.5	23.2	−5.8
新　疆	50.22	21.78	28.44	58.3	72.5	48.8

附表 15　2010 年各地区房屋开发规模与开、竣工面积增长情况

地区	施工面积（万平方米）		竣工面积（万平方米）	比上年同期增长（%）		
		新开工面积		施工面积	新开工面积	竣工面积
全国总计	**405 538.91**	**163 776.67**	**75 960.97**	**26.6**	**40.7**	**4.5**
一、东部地区	**209 590.11**	**80 866.52**	**39 166.71**	**25.1**	**46.0**	**3.2**
北　京	10 300.86	2 974.24	2 386.71	6.0	32.4	−10.9
天　津	7 160.74	2 911.67	2 098.55	18.3	13.9	10.3
河　北	20 790.28	9 636.28	3 028.58	63.0	42.0	36.9
辽　宁	26 824.50	12 627.39	4 466.50	44.4	52.0	10.8
上　海	11 295.03	3 030.59	1 941.25	13.5	22.1	−7.8
江　苏	35 063.76	13 729.61	8 265.61	17.1	49.1	−2.1
浙　江	23 824.53	7 890.63	4 049.47	19.5	40.7	5.4
福　建	14 184.85	4 679.56	2 244.66	21.6	93.1	0.2
山　东	28 229.00	12 357.46	4 999.72	27.6	45.5	−0.3
广　东	29 217.60	9 892.98	5 234.59	17.7	52.7	3.4
海　南	2 698.96	1 136.12	451.08	35.6	40.7	4.5
二、中部地区	**95 866.41**	**41 830.85**	**20 307.23**	**26.7**	**27.8**	**16.7**
山　西	7 616.35	2 759.02	1 089.72	38.8	12.9	26.5
吉　林	7 099.96	3 553.85	1 871.38	32.2	8.9	27.3
黑龙江	7 543.71	5 018.42	2 166.77	66.8	67.5	14.7

续前表

地区	施工面积（万平方米）		竣工面积（万平方米）	比上年同期增长（%）		
		新开工面积		施工面积	新开工面积	竣工面积
安　徽	17 541.90	7 317.60	3 020.57	23.8	37.7	5.6
江　西	7 229.94	2 344.98	1 822.20	7.0	1.9	10.7
河　南	20 394.18	8 610.57	4 427.14	26.9	21.0	30.2
湖　北	11 620.91	5 765.52	2 558.94	21.7	45.0	10.7
湖　南	16 819.46	6 460.90	3 350.51	22.5	21.4	13.0
三、西部地区	**100 082.39**	**41 079.29**	**16 487.03**	**29.7**	**45.2**	**−4.7**
内蒙古	11 517.78	6 289.60	2 192.01	39.0	43.3	−5.3
广　西	12 050.65	4 750.57	1 564.31	44.4	57.3	8.5
重　庆	17 138.50	6 312.64	2 626.59	31.3	65.5	−9.6
四　川	21 158.47	7 731.66	3 966.77	19.3	47.7	−7.3
贵　州	7 902.39	2 871.15	1 028.73	29.5	63.6	−15.9
云　南	8 784.97	3 702.76	1 535.99	28.5	31.3	−8.6
西　藏	72.31	13.98	11.90	−48.6	−62.6	−74.1
陕　西	9 965.18	3 329.19	860.79	21.0	19.1	−6.1
甘　肃	3 130.40	1 395.98	598.66	23.4	33.3	10.7
青　海	1 423.97	700.67	267.67	58.2	38.7	47.1
宁　夏	2 940.53	1 808.73	936.86	50.6	55.9	26.4
新　疆	3 997.24	2 172.38	896.76	30.4	26.4	−13.2

附表 16　2010 年各地区住宅开发规模与开、竣工面积增长情况

地区	施工面积（万平方米）		竣工面积（万平方米）	比上年同期增长（%）		
		新开工面积		施工面积	新开工面积	竣工面积
全国总计	**314 942.59**	**129 467.93**	**61 215.72**	**25.3**	**38.8**	**2.7**
一、东部地区	**157 008.32**	**62 243.18**	**30 400.48**	**24.1**	**44.1**	**1.1**
北　京	6 176.02	2 063.40	1 498.48	11.2	49.5	−7.1
天　津	5 117.60	2 026.89	1 603.65	13.3	6.4	1.4
河　北	17 274.45	7 857.55	2 651.00	58.9	36.1	36.7
辽　宁	20 669.88	9 848.46	3 662.51	42.3	48.3	7.9
上　海	7 313.85	2 111.11	1 396.05	11.6	22.7	−7.5
江　苏	26 349.91	10 620.32	6 268.44	15.6	49.6	−6.9
浙　江	16 149.97	5 240.23	2 756.50	15.8	32.7	−1.0
福　建	10 570.84	3 399.53	1 717.07	19.5	82.7	1.6
山　东	22 881.77	10 290.65	4 212.76	26.2	46.1	−2.5
广　东	22 176.17	7 804.41	4 248.36	16.8	53.0	3.3
海　南	2 327.86	980.63	385.67	32.3	34.6	−3.9
二、中部地区	**77 848.36**	**34 147.09**	**17 016.34**	**24.9**	**25.3**	**14.2**
山　西	6 252.79	2 253.58	896.93	35.3	7.1	20.6
吉　林	5 785.69	2 920.00	1 562.40	30.3	6.6	20.8
黑龙江	6 112.02	4 079.40	1 778.16	65.5	67.3	12.9

续前表

地区	施工面积（万平方米）		竣工面积（万平方米）	比上年同期增长（%）		
		新开工面积		施工面积	新开工面积	竣工面积
安　徽	13 770.20	5 770.46	2 402.42	22.0	36.9	2.2
江　西	6 064.62	1 956.47	1 554.93	5.1		8.2
河　南	16 902.19	7 299.94	3 852.80	25.6	18.1	28.8
湖　北	9 170.94	4 483.91	2 137.30	18.5	39.5	6.5
湖　南	13 789.92	5 383.32	2 831.41	22.0	21.9	13.2
三、西部地区	**80 085.91**	**33 077.65**	**13 798.90**	**28.1**	**44.8**	**−5.8**
内蒙古	8 246.59	4 486.54	1 799.40	30.7	39.7	−8.1
广　西	9 768.56	3 905.84	1 342.87	45.4	58.1	10.0
重　庆	13 744.78	5 268.76	2 179.81	33.0	76.2	−8.6
四　川	17 289.74	6 270.79	3 390.01	17.1	42.2	−7.9
贵　州	5 968.65	2 250.29	809.06	26.6	66.3	−22.3
云　南	7 046.37	2 960.81	1 258.44	27.3	32.7	−10.6
西　藏	66.43	13.32	11.22	−45.6	−58.2	−73.5
陕　西	8 595.32	2 887.08	762.97	21.3	18.9	−3.5
甘　肃	2 557.70	1 169.10	501.05	21.3	31.9	8.5
青　海	1 179.25	569.01	242.12	54.0	34.3	50.9
宁　夏	2 285.56	1 444.86	746.32	51.7	56.9	23.7
新　疆	3 336.95	1 851.26	755.64	30.3	24.8	−16.1

附表 17　2010 年各地区办公楼开发规模与开、竣工面积增长情况

地区	施工面积（万平方米）		竣工面积（万平方米）	比上年同期增长（%）		
		新开工面积		施工面积	新开工面积	竣工面积
全国总计	**12 139.78**	**3 678.01**	**1 748.44**	**21.4**	**28.6**	**5.8**
一、东部地区	**8 077.04**	**2 290.03**	**1 282.41**	**19.1**	**31.1**	**10.9**
北京	1 054.84	203.29	198.42	−6.8	−20.6	−37.3
天津	396.61	206.73	102.42	13.8	15.1	22.4
河北	384.20	147.43	19.60	94.1	49.3	47.4
辽宁	582.95	214.05	75.29	36.0	43.8	101.5
上海	1 103.18	147.39	150.69	15.6	−9.2	11.6
江苏	1 167.65	374.63	290.54	26.6	82.3	90.0
浙江	1 479.17	477.18	195.86	25.5	57.2	23.3
福建	452.19	183.46	35.20	43.7	136.9	−25.8
山东	476.82	157.73	84.52	7.3	10.6	−29.4
广东	943.49	164.00	118.01	12.2	−3.7	32.4
海南	35.94	14.08	11.85	80.3		
二、中部地区	**1 960.42**	**660.14**	**269.05**	**27.3**	**22.9**	**26.4**
山西	182.54	54.70	19.73	64.1	68.3	62.9
吉林	103.83	23.75	11.98	6.8	−26.4	20.8
黑龙江	74.76	40.61	20.27	27.6	−2.1	11.8

续前表

地区	施工面积（万平方米）		竣工面积（万平方米）	比上年同期增长（%）		
		新开工面积		施工面积	新开工面积	竣工面积
安　徽	521.89	163.46	49.89	20.5		−20.4
江　西	114.25	41.82	23.41	75.1	46.7	324.0
河　南	510.84	171.02	56.17	37.9	92.1	72.3
湖　北	241.71	102.24	52.89	15.3	11.6	78.0
湖　南	210.60	62.53	34.71	8.5	7.7	−17.6
三、西部地区	**2102.32**	**727.84**	**196.98**	**25.5**	**26.2**	**−30.6**
内蒙古	486.14	285.83	28.92	72.7	78.1	−40.4
广　西	183.04	59.75	13.01	37.4	51.0	64.1
重　庆	247.56	57.20	30.03	17.7	−9.2	−35.2
四　川	413.26	128.53	35.16	22.1	15.3	−31.7
贵　州	149.32	29.22	18.36	20.5	5.2	0.1
云　南	154.77	55.87	16.73	47.3	22.3	−51.3
西　藏	0.74			−89.3		
陕　西	229.63	38.08	11.79	−11.9	−11.9	−57.4
甘　肃	50.96	11.53	7.94		−18.6	−33.0
青　海	23.64	17.26	3.86	192.7	388.4	150.3
宁　夏	74.17	21.25	17.34	4.3	−42.1	33.8
新　疆	89.08	23.33	13.83	5.7	−24.3	−36.3

附表 18　2010 年各地区商业营业用房开发规模与开、竣工面积增长情况

地区	施工面积（万平方米）		竣工面积（万平方米）	比上年同期增长（%）		
		新开工面积		施工面积	新开工面积	竣工面积
全国总计	**44 615.72**	**17 460.98**	**7 931.40**	**29.2**	**40.6**	**16.2**
一、东部地区	**24 243.79**	**8 807.65**	**4 270.10**	**28.4**	**46.9**	**15.7**
北　京	1 229.33	242.42	271.92	−7.1	6.1	−15.7
天　津	1 004.47	407.83	235.29	47.2	29.4	103.1
河　北	1 964.76	1 007.15	234.36	89.0	73.1	49.1
辽　宁	3 954.62	1 838.67	535.72	49.0	63.0	21.9
上　海	1 292.96	298.10	176.41	16.8	47.8	−12.3
江　苏	4 824.87	1 680.23	1 127.10	18.3	35.3	9.0
浙　江	2 620.40	868.85	546.25	24.0	47.4	41.9
福　建	1 272.69	454.55	165.82	25.7	83.2	−20.8
山　东	3 280.50	1 250.35	497.50	33.6	40.0	16.9
广　东	2 623.18	692.85	448.59	14.8	33.5	17.7
海　南	176.02	66.63	31.14	40.0	32.5	63.6
二、中部地区	**10 281.09**	**4 474.36**	**2 110.45**	**31.1**	**34.4**	**29.8**
山　西	785.75	288.34	117.64	59.2	47.0	74.8
吉　林	814.95	423.93	204.16	41.6	21.9	59.5
黑龙江	862.63	578.35	258.61	69.9	63.8	33.1

续前表

地区	施工面积（万平方米）		竣工面积（万平方米）	比上年同期增长（%）		
		新开工面积		施工面积	新开工面积	竣工面积
安　徽	2 300.21	958.36	430.68	26.3	37.7	17.5
江　西	734.09	250.13	173.97	12.1	7.4	8.8
河　南	1 952.08	759.29	369.63	29.5	28.7	32.0
湖　北	1 281.29	658.42	270.79	26.2	56.9	47.2
湖　南	1 550.10	557.54	284.95	22.4	13.0	16.2
三、西部地区	**10 090.84**	**4 178.97**	**1 550.86**	**29.0**	**35.3**	**2.8**
内蒙古	2 035.13	1 101.40	277.25	59.3	41.8	22.7
广　西	1 111.02	394.85	121.89	29.8	39.1	1.7
重　庆	1 549.77	433.68	229.44	15.3	7.3	−11.2
四　川	1 593.47	634.66	283.94	19.6	56.6	−2.1
贵　州	908.43	304.59	126.79	28.6	48.0	17.0
云　南	934.79	391.68	157.72	16.7	7.8	−8.0
西　藏	4.22	0.66	0.67	−59.3	−85.1	−65.1
陕　西	707.68	257.27	58.99	22.0	29.5	−27.6
甘　肃	332.15	160.52	60.42	27.7	57.6	11.5
青　海	141.98	69.38	18.12	55.5	21.1	1.7
宁　夏	360.99	214.55	122.50	39.5	65.6	19.3
新　疆	411.21	215.74	93.13	34.5	36.5	22.1

附表 19　　2010 年各地区土地开发与购置增长情况

地区	土地购置费（亿元）	本年购置土地面积（万平方米）	完成开发土地面积（万平方米）	比上年同期增长（%）		
				土地购置费	本年购置土地面积	完成开发土地面积
全国总计	**9 992.11**	**40 969.53**	**21 253.66**	**65.9**	**28.4**	**−7.7**
一、东部地区	**6 891.35**	**19 596.61**	**10 501.19**	**74.9**	**36.3**	**0.6**
北　京	1 292.75	858.75	48.44	120.0	37.4	−86.7
天　津	134.08	652.46	352.88	51.7	46.7	−4.6
河　北	368.45	2 844.26	1 317.43	69.2	40.6	17.8
辽　宁	508.14	3 652.01	1 918.52	40.9	75.0	13.4
上　海	449.27	432.44	237.79	110.0	133.9	170.7
江　苏	955.41	2 224.24	1 450.55	70.4	19.7	−11.9
浙　江	1 135.49	1 833.69	1 294.98	62.9	40.2	21.9
福　建	764.99	1 532.47	203.78	129.9	36.8	−56.2
山　东	600.55	3 290.53	1 456.05	55.8	51.0	−20.3
广　东	633.37	1 755.61	1 867.57	35.3	−22.3	24.7
海　南	48.86	520.16	353.19	79.5	81.4	15.4
二、中部地区	**1 696.33**	**11 790.59**	**6 242.32**	**60.3**	**24.3**	**−9.4**
山　西	92.00	838.56	998.64	21.6	36.4	15.4
吉　林	125.17	935.91	297.39	75.6	29.3	39.7
黑龙江	90.68	1 137.81	588.59	22.0	36.5	24.9

续前表

地区	土地购置费（亿元）	本年购置土地面积（万平方米）	完成开发土地面积（万平方米）	比上年同期增长（%）		
				土地购置费	本年购置土地面积	完成开发土地面积
安　徽	517.30	2 611.07	813.12	77.2	36.1	−5.1
江　西	109.90	777.15	544.39	65.4	11.9	−16.2
河　南	293.23	2 864.32	1 184.18	48.1	6.0	−12.4
湖　北	291.17	1 529.68	1 364.97	80.3	53.0	0.2
湖　南	176.88	1 096.09	451.05	48.4	9.4	−59.7
三、西部地区	**1 404.43**	**9 582.34**	**4 510.15**	**36.9**	**19.1**	**−21.0**
内蒙古	129.85	2 006.14	1 013.94	19.3	80.8	66.8
广　西	150.60	1 183.88	363.43	29.3	−8.0	−5.2
重　庆	371.44	1 369.22	649.07	56.0	11.5	−38.2
四　川	368.94	963.31	546.40	51.3	−8.0	−44.7
贵　州	60.92	980.10	356.57	88.2	162.6	120.9
云　南	121.27	1 031.39	391.75	−8.5	−18.8	−52.6
西　藏	1.72	4.55	20.40		−13.1	20.3
陕　西	107.29	579.49	308.93	46.6	42.0	−39.2
甘　肃	29.28	279.48	119.46	19.1	−16.7	−29.8
青　海	9.87	112.43	9.43	−45.5	−36.9	−93.4
宁　夏	21.59	548.81	231.07	26.5	46.6	28.3
新　疆	31.66	523.54	499.71	56.7	21.9	−26.0

附表 20 2010 年 40 个重点城市房地产开发投资情况

主要指标	房地产开发投资（亿元）		比上年同期增长（%）	比重（%）	
	自年初累计	上年同期		自年初累计	上年同期
投资完成额	**26 732.39**	**20 504.92**	**30.4**	**100.0**	**100.0**
其中：土地开发投资	892.67	866.47	3.0	3.3	4.2
配套工程投资	814.06	705.71	15.4	3.0	3.4
一、按工程用途分					
住宅，其中：	17 805.25	13 625.32	30.7	66.6	66.4
90 平方米以下住房	6 178.88	4 905.76	26.0	23.1	23.9
140 平方米以上住房	3 884.75	3 036.67	27.9	14.5	14.8
经济适用房	748.46	724.26	3.3	2.8	3.5
别墅、高档公寓	1 955.63	1 414.05	38.3	7.3	6.9
办公楼	1 455.63	1 110.04	31.1	5.4	5.4
商业营业用房	3 017.87	2 317.37	30.2	11.3	11.3
其他	4 453.64	3 452.19	29.0	16.7	16.8
二、按构成分					
建筑工程	15 374.72	12 377.76	24.2	57.5	60.4
安装工程	1 452.27	1 235.83	17.5	5.4	6.0
设备工器具购置	332.48	305.34	8.9	1.2	1.5
其他费用	9 572.92	6 586.00	45.4	35.8	32.1
其中：土地购置费	6 509.08	3 756.09	73.3	24.3	18.3
计划总投资	**140 743.73**	**110 052.47**	**27.9**		
新增固定资产	**11 443.86**	**10 394.02**	**10.1**		

附表 21　　2010 年 40 个重点城市房地产开发投资情况

城市	投资额（亿元）	住宅	经济适用房	比上年同期增长（%）	住宅	经济适用房
合　计	**26 732.39**	**17 805.25**	**748.46**	**30.4**	**30.7**	**3.3**
北　京	2 901.07	1 508.95	48.98	24.1	66.4	−27.7
天　津	866.64	565.39	126.77	17.9	14.3	13.3
石家庄	538.00	412.25	5.55	42.2	43.5	46.4
太　原	241.09	185.16	13.99	46.1	60.8	191.1
呼和浩特	254.35	192.63	10.81	42.1	51.2	−32.0
沈　阳	1 450.08	1 004.34	27.85	22.0	25.2	5.4
大　连	768.02	575.65	9.44	32.7	20.6	−53.2
长　春	542.76	427.46	35.58	22.3	23.0	−3.3
哈尔滨	360.74	288.56	1.23	29.2	30.8	−89.4
上　海	1 980.68	1 229.83	117.57	35.5	33.9	200.1
南　京	748.35	570.62	46.83	25.6	29.9	8.8
无　锡	611.76	430.21	15.58	32.0	43.5	−3.9
苏　州	935.80	667.20	6.35	29.2	29.7	−36.4
杭　州	956.20	676.27	15.09	35.7	32.7	−45.4
宁　波	557.27	323.12	5.00	48.8	36.0	−37.8
温　州	271.09	193.13	5.50	7.0	10.8	36.8
合　肥	802.65	550.13	0.00	19.7	17.5	−99.9
福　州	670.69	384.28	7.62	85.4	52.4	62.7
厦　门	396.13	207.43	1.30	48.1	13.9	−46.9
南　昌	230.15	171.27	3.40	16.1	7.9	−34.6

续前表

城市	投资额（亿元）			比上年同期增长（%）		
		住宅			住宅	
			经济适用房			经济适用房
济南	484.50	364.56	0.01	45.7	42.7	—89.3
青岛	602.44	450.99	14.32	31.1	43.7	—17.2
郑州	775.16	555.75	27.33	51.3	41.6	4.3
武汉	1 017.40	595.33	30.50	30.7	19.5	—48.7
长沙	683.98	516.16	18.90	37.5	31.4	42.9
广州	983.66	548.45	17.69	20.3	9.3	168.0
深圳	458.47	304.89	2.78	4.8	5.2	124.5
南宁	317.50	228.12	5.60	40.0	44.0	21.1
北海	97.34	66.95	0.80	67.5	82.0	
海口	103.79	82.57	0.56	32.3	20.8	
三亚	132.84	124.40	3.47	35.7	32.7	
重庆	1 620.26	1 091.49	58.99	30.8	38.3	—10.1
成都	1 278.34	804.29	0.54	35.3	26.7	—75.6
贵阳	310.47	165.02	16.29	47.6	20.9	—1.5
昆明	440.75	326.62	9.49	15.3	8.3	22.3
西安	842.34	670.26	23.01	21.3	18.3	—15.7
兰州	118.28	67.00	8.89	19.4	28.8	24.3
西宁	95.40	64.11	1.93	49.4	37.6	276.0
银川	144.32	101.62	1.10	44.4	36.2	—65.0
乌鲁木齐	141.63	112.80	1.80	25.0	27.6	—55.9

附表 22　2010 年 40 个重点城市房地产开发投资资金来源总体情况

来源种类	资金来源（亿元）		比上年同期增长（%）	比重（%）	
	自年初累计	上年同期		自年初累计	上年同期
一、自年初累计资金来源合计	54 619.30	42 927.96	27.2		
1. 上年末结余资金	11 027.30	6 297.00	75.1		
2. 本年资金来源小计	43 592.00	36 630.96	19.0	100.0	100.0
（1）国内贷款	8 897.24	8 456.15	5.2	20.4	23.1
其中：银行贷款	7 992.43	7 688.99	3.9	18.3	21.0
非银行金融机构贷款	904.82	767.17	17.9	2.1	2.1
（2）利用外资	640.87	329.56	94.5	1.5	0.9
其中：外商直接投资	562.46	288.16	95.2	1.3	0.8
（3）自筹资金	13 781.89	9 273.85	48.6	31.6	25.3
其中：自有资金	7 450.67	5 120.63	45.5	17.1	14.0
（4）其他资金	20 271.99	18 571.39	9.2	46.5	50.7
其中：定金及预收款	12 028.55	10 900.04	10.4	27.6	29.8
个人按揭贷款	5 570.31	5 627.22	−1.0	12.8	15.4
二、各项应付款合计	4 756.04	3 725.67	27.7	100.0	100.0
其中：工程款	2 295.31	1 937.59	18.5	48.3	52.0

附表 23　2010 年 40 个重点城市房地产开发投资资金来源　单位：亿元

城市	本年资金来源小计	国内贷款	利用外资	自筹资金	其他资金
合　计	**43 592.00**	**8 897.24**	**640.87**	**13 781.89**	**20 271.99**
北　京	5 790.61	1 439.08	13.90	1 762.97	2 574.66
天　津	1 665.54	539.59	8.34	457.74	659.88
石家庄	603.48	52.83	2.50	371.62	176.53
太　原	359.03	49.70	—	98.22	211.11
呼和浩特	239.15	10.21	—	164.01	64.93
沈　阳	1 979.78	256.34	101.50	1 091.31	530.62
大　连	1 284.34	210.03	32.46	506.37	535.48
长　春	568.90	47.36	0.04	261.45	260.04
哈尔滨	466.38	35.23	—	236.27	194.87
上　海	3 229.29	819.57	96.05	1 070.88	1 242.78
南　京	1 241.80	287.31	19.62	294.33	640.54
无　锡	1 121.93	244.12	12.93	309.84	555.04
苏　州	2 405.29	528.54	25.08	591.21	1 260.46
杭　州	2 118.41	465.43	10.50	380.17	1 262.30
宁　波	528.43	157.19	3.85	147.42	219.97
温　州	329.60	38.59	0.43	47.64	242.92
合　肥	1 068.70	142.30	3.02	395.17	528.22
福　州	908.35	147.16	1.52	387.85	371.82
厦　门	530.10	146.43	8.79	201.18	173.70
南　昌	365.16	79.92	—	95.83	189.41

续前表

单位：亿元

城市	本年资金来源小计	国内贷款	利用外资	自筹资金	其他资金
济南	612.61	75.32	7.28	254.61	275.40
青岛	1 117.70	321.76	7.63	260.59	527.72
郑州	975.38	116.41	—	383.54	475.43
武汉	1 448.31	292.88	96.75	490.32	568.37
长沙	1 088.52	208.29	0.94	297.75	581.54
广州	1 502.20	375.00	46.72	314.42	766.05
深圳	773.09	199.89	10.33	203.97	358.90
南宁	491.77	76.42	4.54	134.13	276.67
北海	102.74	11.56	—	39.96	51.23
海口	225.14	40.87	—	30.38	153.89
三亚	249.65	53.86	—	33.92	161.87
重庆	2 859.53	584.72	83.93	685.00	1 505.89
成都	1 973.71	314.14	33.14	730.51	895.92
贵阳	563.70	96.40	0.70	144.79	321.81
昆明	765.18	103.69	0.50	271.98	389.00
西安	1 296.68	189.22	5.56	431.10	670.81
兰州	164.60	35.86	—	66.30	62.44
西宁	108.73	26.81	2.32	43.21	36.38
银川	213.93	42.12	—	41.13	130.68
乌鲁木齐	254.57	35.05	—	52.82	166.70

附表 24　2010 年 40 个重点城市房地产土地开发与销售情况

主要指标	实际完成		比上年同期增减	
	自年初累计	上年同期	绝对数	(%)
一、土地开发与购置情况				
1. 本年购置土地面积（万平方米）	14 798.98	11 496.56	3 302.4	28.7
2. 完成开发土地面积（万平方米）	7 099.25	8 481.07	−1 381.8	−16.3
3. 本年土地成交价款（亿元）	5 149.67	3 261.90	1 887.8	57.9
4. 待开发土地面积（万平方米）	14 424.82	15 693.76	−1 268.9	−8.1
二、房屋建筑、销售面积				
1. 施工面积（万平方米）	188 623.67	156 615.54	32 008.1	20.4
其中：新开工面积	65 047.70	45 357.38	19 690.3	43.4
2. 竣工面积（万平方米）	32 489.46	33 014.25	−524.8	−1.6
其中：不可销售面积	2 422.96	2 506.91	−83.9	−3.3
3. 商品房销售面积（万平方米）	40 160.45	42 383.31	−2 222.9	−5.2
其中：期房销售面积	32 316.06	32 492.32	−176.3	−0.5
三、房屋竣工价值（亿元）	**8793.63**	**7 953.17**	**840.5**	**10.6**
四、商品房销售额（亿元）	**29 644.70**	**28 258.31**	**1 386.4**	**4.9**
其中：期房销售额	24 267.81	21 987.04	2 280.8	10.4

附表 25　2010 年 40 个重点城市商品房销售面积增长情况

城市	销售面积（万平方米）			比上年同期增长（%）		
		现房	期房	销售额	现房	期房
合　计	**40 160.45**	**7 844.40**	**32 316.06**	**−5.2**	**−20.7**	**−0.5**
北　京	1 639.53	411.28	1 228.25	−30.6	−33.0	−29.7
天　津	1 564.52	423.54	1 140.98	−1.6	−9.5	1.7
石家庄	469.31	90.57	378.74	34.2	48.6	31.1
太　原	258.82	54.39	204.43	40.8	−1.6	59.0
呼和浩特	471.60	284.56	187.03	25.8	18.1	39.6
沈　阳	1 746.52	586.96	1 159.56	13.9	−1.1	23.4
大　连	1 215.33	337.00	878.33	5.4	−8.0	11.7
长　春	863.08	137.61	725.47	20.6	−48.1	61.1
哈尔滨	881.75	211.33	670.42	25.2	−29.7	66.2
上　海	2 055.53	623.75	1 431.78	−39.0	−24.4	−43.8
南　京	823.17	130.48	692.69	−30.6	−42.4	−27.9
无　锡	1 008.23	262.16	746.07	−9.2	−11.1	−8.6
苏　州	1 453.54	285.94	1 167.60	−38.0	−53.0	−32.8

续前表

城市	销售面积（万平方米）	现房	期房	比上年同期增长（%）		
				销售额	现房	期房
杭州	988.34	118.34	870.00	−32.1	−28.7	−32.6
宁波	688.34	95.10	593.24	−15.6	−19.1	−15.0
温州	228.46	29.16	199.30	−27.2	34.2	−31.8
合肥	1 004.91	75.46	929.45	−22.6	−35.3	−21.3
福州	597.83	50.73	547.10	−13.4	−14.5	−13.3
厦门	426.77	114.38	312.39	−19.4	−4.5	−23.7
南昌	520.84	163.42	357.42	5.3	35.1	−4.4
济南	531.49	69.74	461.74	20.5	16.2	21.2
青岛	1 360.69	246.14	1 114.55	7.8	−29.4	22.0
郑州	1 558.72	273.70	1 285.01	30.2	61.9	25.0
武汉	1 207.97	316.20	891.78	11.1	−10.2	21.4
长沙	1 680.21	339.50	1 340.70	19.5	−26.1	41.5
广州	1 405.13	283.36	1 121.78	2.2	−22.7	11.2
深圳	465.59	123.53	342.06	−38.9	−56.6	−28.3

续前表

城市	销售面积（万平方米）			比上年同期增长（%）		
		现房	期房	销售额	现房	期房
南　宁	666.48	82.93	583.54	−8.9	4.3	−10.5
北　海	179.63	14.42	165.21	2.3	−66.9	25.2
海　口	209.76	37.12	172.64	10.0	35.8	5.7
三　亚	140.83	26.83	114.00	23.0	27.1	22.1
重　庆	4 314.39	615.67	3 698.73	7.8	−17.4	13.5
成　都	2 559.28	380.81	2 178.47	−5.5	18.6	−8.8
贵　阳	801.56	66.40	735.15	−2.0	−71.9	26.3
昆　明	1 242.48	96.97	1 145.51	45.6	−29.9	60.2
西　安	1 587.81	77.60	1 510.20	26.4	−40.6	34.2
兰　州	228.21	87.62	140.60	−5.9	−9.3	−3.6
西　宁	217.10	27.14	189.97	40.4	−41.7	75.7
银　川	464.94	116.16	348.78	−8.7	−42.1	13.0
乌鲁木齐	431.78	76.38	355.40	−16.0	−37.9	−9.1

附表 26　2010 年 40 个重点城市住宅销售面积增长情况

城市	销售面积（万平方米）	现房	期房	比上年同期增长（%）		
				销售面积	现房	期房
合　计	**35 230.32**	**5 887.89**	**29 342.48**	**−8.2**	**−28.0**	**−2.8**
北　京	1 201.39	218.11	983.28	−36.1	−46.8	−33.1
天　津	1 352.61	304.14	1 048.52	−7.4	−18.4	−3.7
石家庄	446.43	83.99	362.43	35.6	49.9	32.7
太　原	235.49	43.25	192.24	39.5	−2.7	54.6
呼和浩特	394.46	214.55	179.92	27.6	7.9	63.1
沈　阳	1 516.06	459.52	1 056.54	10.7	−7.5	21.1
大　连	1 126.68	305.55	821.14	3.0	−9.9	8.9
长　春	786.19	114.41	671.77	20.2	−49.2	56.7
哈尔滨	809.89	165.91	643.98	29.2	−32.4	69.0
上　海	1 685.35	459.40	1 225.95	−42.4	−29.8	−46.1
南　京	754.82	110.05	644.77	−32.2	−43.5	−29.9
无　锡	854.00	204.19	649.82	−12.4	−14.7	−11.7
苏　州	1 144.84	171.22	973.62	−43.1	−64.9	−36.1

续前表

城市	销售面积（万平方米）	现房	期房	比上年同期增长（%）		
				销售面积	现房	期房
杭　州	797.59	64.47	733.12	−39.3	−46.7	−38.6
宁　波	492.59	37.20	455.39	−24.4	−42.6	−22.4
温　州	192.52	14.89	177.63	−29.3	128.5	−33.2
合　肥	863.86	51.92	811.94	−26.8	−39.8	−25.8
福　州	531.10	37.68	493.42	−18.1	−25.3	−17.5
厦　门	238.68	47.22	191.47	−40.5	−37.8	−41.2
南　昌	489.30	149.73	339.57	5.5	40.0	−4.8
济　南	477.31	62.78	414.53	18.1	16.6	18.3
青　岛	1 209.87	189.49	1 020.38	5.1	−37.2	20.1
郑　州	1 428.61	232.03	1 196.58	31.9	69.3	26.5
武　汉	1 091.49	259.02	832.47	4.8	−22.6	17.8
长　沙	1 624.04	306.81	1 317.23	19.6	−29.0	42.3
广　州	1 111.66	165.51	946.14	−11.3	−43.1	−1.7
深　圳	413.80	94.97	318.83	−42.3	−62.7	−31.1

续前表

城市	销售面积（万平方米）			比上年同期增长（%）		
		现房	期房	销售面积	现房	期房
南　宁	601.83	63.00	538.83	−12.2	−2.9	−13.1
北　海	174.12	13.37	160.75	3.1	−67.2	25.5
海　口	199.70	30.59	169.11	9.5	18.4	8.1
三　亚	140.80	26.83	113.97	23.7	30.7	22.2
重　庆	3 986.31	447.48	3 538.83	5.7	−29.1	12.7
成　都	2 289.92	309.28	1 980.63	−10.1	12.8	−12.9
贵　阳	733.55	56.64	676.91	−3.5	−74.2	25.1
昆　明	1 097.42	67.11	1 030.32	40.2	−43.5	55.2
西　安	1 523.24	71.04	1 452.20	26.7	−33.6	32.6
兰　州	206.81	72.85	133.96	−7.3	−15.3	−2.3
西　宁	206.78	23.07	183.71	39.6	−46.3	74.8
银　川	404.32	81.29	323.03	−8.3	−49.0	14.7
乌鲁木齐	394.89	57.34	337.55	−18.2	−46.4	−10.1

附表 27　2010 年 40 个重点城市办公楼销售面积增长情况

城市	销售面积（万平方米）			比上年同期增长（%）		
		现房	期房	销售面积		
					现房	期房
合　计	**1 441.61**	**430.73**	**1 010.88**	**17.2**	**5.1**	**23.3**
北　京	208.15	57.66	150.49	−18.6	−30.6	−12.9
天　津	35.29	30.11	5.18	19.4	15.7	46.8
石家庄	8.15	4.54	3.61	192.6	208.2	175.0
太　原	4.04	3.71	0.34	−25.5	−31.7	
呼和浩特	8.76	8.63	0.14	−1.0	4.5	−77.3
沈　阳	25.07	12.29	12.78	62.7	2.8	270.9
大　连	19.96	2.54	17.42	151.4	67.7	171.2
长　春	4.04	0.30	3.74	−8.5	−88.8	119.4
哈尔滨	2.54	2.37	0.17	−80.2	−79.9	−83.5
上　海	162.89	61.21	101.69	−19.8	6.5	−30.1
南　京	14.78	2.77	12.01	−37.2	−78.9	15.3
无　锡	29.18	10.05	19.13	36.1	79.8	20.6
苏　州	66.51	27.77	38.74	−2.6	138.2	−31.6

续前表

城市	销售面积（万平方米）	现房	期房	比上年同期增长（%）		
				销售面积	现房	期房
杭　州	102.33	17.40	84.93	40.1	21.4	44.6
宁　波	67.39	13.72	53.67	18.1	12.2	19.7
温　州	6.67	1.34	5.32	−40.8	−51.3	−37.4
合　肥	65.30	6.90	58.41	62.6	−47.3	115.6
福　州	18.00	0.45	17.55	407.0	−17.1	483.4
厦　门	54.75	13.38	41.37	148.9	51.8	213.8
南　昌	12.57	8.38	4.19	117.3	58.2	
济　南	23.38	2.44	20.93	174.8	36.8	211.4
青　岛	27.80	15.17	12.63	−10.8	44.0	−38.8
郑　州	50.94	6.00	44.94	−6.1	18.5	−8.6
武　汉	20.88	17.81	3.07	117.2		−64.4
长　沙	11.39	6.16	5.22	3.6	−17.2	47.3
广　州	112.28	37.54	74.74	137.6	28.1	316.0
深　圳	15.00	2.17	12.83	−23.6	−82.2	73.0

续前表

城市	销售面积（万平方米）	现房	期房	比上年同期增长（%）		
				销售面积	现房	期房
南　宁	11.06	0.98	10.08	134.1	−8.9	176.4
北　海						
海　口	5.44	3.28	2.17	69.0		−32.0
三　亚						
重　庆	62.60	27.88	34.72	114.8	109.2	119.5
成　都	77.90	5.64	72.26	34.6	−31.4	45.6
贵　阳	23.05	0.56	22.50	17.1	−82.6	36.3
昆　明	18.31	6.35	11.97	−7.6	37.0	−21.2
西　安	35.46	1.27	34.19	94.5	−73.0	152.5
兰　州	3.71	2.93	0.79	−27.0	32.1	−72.6
西　宁	1.00	0.04	0.96	−28.0	−91.7	
银　川	13.73	6.33	7.40	31.1	33.8	28.9
乌鲁木齐	11.31	2.69	8.62	73.3	−4.7	132.4

附表 28　2010 年 40 个重点城市商业营业用房销售面积增长情况

城市	销售面积（万平方米）	现房	期房	比上年同期增长（%）		
				销售面积	现房	期房
合　计	**2 306.63**	**1 036.27**	**1 270.36**	**16.6**	**11.0**	**21.5**
北　京	142.07	76.25	65.82	−9.5	−4.2	−15.0
天　津	103.64	61.91	41.73	70.3	58.2	92.3
石家庄	7.64	0.81	6.83	−10.0	−49.7	−0.7
太　原	14.55	3.28	11.28	53.4	−38.5	171.4
呼和浩特	51.80	45.96	5.85	2.9	66.2	−74.2
沈　阳	167.31	98.49	68.82	38.0	41.8	32.9
大　连	50.65	22.20	28.45	20.6	11.5	28.9
长　春	59.55	17.31	42.24	28.8	−44.4	179.9
哈尔滨	49.41	34.23	15.13	−0.1	1.0	−2.5
上　海	125.56	66.17	59.39	−0.7	−0.9	−0.6
南　京	43.42	12.66	30.76	4.4	−11.8	13.0
无　锡	122.04	45.88	76.16	9.0	−4.7	19.3
苏　州	211.57	76.54	135.04	−6.3	−17.3	1.4

续前表

城市	销售面积（万平方米）			比上年同期增长（%）		
		现房	期房	销售面积	现房	期房
杭　州	70.19	28.70	41.49	31.0	15.3	44.6
宁　波	73.07	29.28	43.79	22.9	39.0	14.1
温　州	20.41	9.50	10.92		30.4	−16.9
合　肥	63.28	11.24	52.04	10.2	−13.4	17.1
福　州	28.38	7.11	21.27	29.0	36.4	26.7
厦　门	18.91	5.29	13.63	33.5	−31.3	110.7
南　昌	16.23	4.81	11.42	−18.2	−38.3	−5.2
济　南	13.73	3.07	10.66	13.6	17.1	12.6
青　岛	89.56	33.56	56.00	47.9	13.3	81.1
郑　州	59.70	24.96	34.74	7.8	2.5	11.9
武　汉	50.57	27.18	23.39	97.7	137.8	65.4
长　沙	32.66	18.06	14.59	15.3	35.3	−2.6
广　州	119.33	48.03	71.30	121.7	58.9	202.1
深　圳	21.89	15.75	6.14	21.1	37.0	−6.6

续前表

城市	销售面积（万平方米）	现房	期房	比上年同期增长（%）		
				销售面积	现房	期房
南　宁	17.40	7.48	9.92	−17.0	13.7	−31.0
北　海	4.11	1.04	3.06	−21.4	−51.2	−0.8
海　口	3.93	3.10	0.83	−17.5	158.4	−76.7
三　亚	0.03		0.03	−95.0		−56.0
重　庆	194.25	99.00	95.25	23.6	32.0	16.0
成　都	71.77	19.63	52.14	34.8	15.5	43.9
贵　阳	28.17	6.83	21.34	−1.8	−23.5	8.1
昆　明	53.60	13.99	39.61	70.5	49.2	79.5
西　安	22.80	4.08	18.72	−31.0	−76.9	21.7
兰　州	16.72	11.66	5.06	26.5	48.0	−5.3
西　宁	8.92	3.80	5.12	89.3	33.4	174.6
银　川	37.51	24.75	12.76	−31.4	−28.0	−37.3
乌鲁木齐	20.29	12.67	7.62	3.2	23.7	−19.1

附表 29　2010 年 40 个重点城市商口房销售额增长情况

城市	销售额（亿元）	现房	期房	比上年同期增长（%）		
				销售额	现房	期房
合　计	**29 644.70**	**5 377.41**	**24 267.81**	**4.9**	**−14.3**	**10.4**
北　京	2 915.36	624.30	2 291.07	−10.6	−24.7	−5.7
天　津	1 281.91	330.32	952.11	17.1	−6.2	28.2
石家庄	182.34	30.64	151.69	38.5	51.7	36.1
太　原	186.37	24.29	162.09	109.9	1.9	149.5
呼和浩特	193.51	111.94	81.57	32.5	37.9	25.8
沈　阳	945.05	273.10	671.94	38.1	8.1	55.6
大　连	856.04	209.61	646.43	18.8	7.3	23.1
长　春	446.91	71.00	375.91	50.8	−23.4	84.5
哈尔滨	468.26	91.81	376.45	57.4	−21.9	109.1
上　海	2 959.94	773.95	2 185.99	−31.6	−26.1	−33.4
南　京	787.38	90.62	696.76	−7.7	−44.3	1.0
无　锡	775.31	170.79	604.52	16.4	25.4	14.1
苏　州	1 184.35	201.31	983.04	−21.4	−44.5	−14.1

续前表

城市	销售额（亿元）	现房	期房	比上年同期增长（%）		
				销售额	现房	期房
杭州	1 396.77	105.48	1 291.29	−9.1	−23.8	−7.7
宁波	775.39	73.72	701.67	5.8	7.7	5.6
温州	307.31	27.12	280.19	−28.0	41.5	−31.2
合肥	593.34	41.80	551.54	8.1	−13.9	10.3
福州	502.86	34.74	468.12	10.0	−10.2	11.9
厦门	379.12	89.17	289.95	−9.9	−11.8	−9.3
南昌	237.80	67.76	170.04	27.4	64.2	16.9
济南	332.64	36.88	295.76	54.0	41.0	55.8
青岛	895.29	149.22	746.08	27.2	−6.6	37.2
郑州	772.70	103.18	669.53	50.2	73.0	47.2
武汉	694.73	167.60	527.13	19.9	−4.1	30.3
长沙	742.33	138.23	604.10	44.7	−17.5	74.8
广州	1 674.99	344.14	1 330.85	30.2	5.7	38.6
深圳	892.55	235.72	656.83	−19.9	−43.3	−5.9

续前表

城市	销售额（亿元）			比上年同期增长（%）		
		现房	期房	销售额		
					现房	期房
南　宁	342.84	34.13	308.71	2.8	−2.1	3.4
北　海	75.94	4.89	71.05	32.5	−61.7	59.5
海　口	168.12	23.01	145.12	64.3	49.5	66.9
三　亚	243.88	29.75	214.14	91.7	32.6	104.3
重　庆	1 846.94	250.75	1 596.19	34.1	3.6	40.5
成　都	1 519.33	180.22	1 339.10	13.9	17.3	13.4
贵　阳	353.46	30.04	323.42	14.8	−64.8	45.3
昆　明	455.06	52.78	402.28	40.1	16.2	44.0
西　安	707.00	33.77	673.23	44.7	−37.1	54.8
兰　州	96.51	32.15	64.36	9.5	3.0	13.0
西　宁	72.25	9.19	63.06	61.1	−23.4	91.9
银　川	186.45	43.88	142.57	3.8	−28.4	20.5
乌鲁木齐	196.37	34.43	161.93	9.2	−19.3	18.0

附表 30　2010 年 40 个重点城市住宅销售额增长情况

城市	销售额（亿元）			比上年同期增长（%）		
		现房	期房	销售额	现房	期房
合　计	**24 517.52**	**3 625.43**	**20 892.61**	**0.2**	**−25.0**	**6.4**
北　京	2 060.52	360.72	1 699.80	−17.1	−34.9	−12.0
天　津	1 069.75	225.66	844.61	10.8	−10.2	18.3
石家庄	169.78	27.36	142.42	39.9	48.6	38.3
太　原	165.93	18.02	147.91	118.4	15.7	145.0
呼和浩特	143.88	69.46	74.41	43.1	24.9	65.7
沈　阳	774.55	190.81	583.74	34.8	−2.2	53.8
大　连	761.55	185.33	576.17	12.8	4.5	15.8
长　春	400.72	57.10	343.63	52.7	−21.7	81.3
哈尔滨	419.07	63.85	355.22	61.2	−29.9	110.4
上　海	2 395.35	557.40	1 837.94	−33.8	−30.8	−34.7
南　京	696.45	72.18	624.26	−9.3	−46.4	−1.4
无　锡	627.99	122.78	505.21	9.9	16.0	8.5
苏　州	932.51	121.95	810.55	−26.8	−57.5	−17.9

续前表

城市	销售额（亿元）	现房	期房	比上年同期增长（%）		
				销售额	现房	期房
杭　州	1 137.29	45.85	1 091.44	−18.5	−52.2	−16.0
宁　波	577.83	27.27	550.56	−2.3	−12.8	−1.7
温　州	266.00	14.80	251.20	−30.7	241.4	−33.8
合　肥	475.17	25.00	450.16	−1.7	−28.2	0.4
福　州	418.17	23.30	394.87	0.2	−22.8	1.9
厦　门	276.63	56.93	219.70	−22.9	−26.6	−21.8
南　昌	211.90	55.91	155.99	25.7	65.2	15.7
济　南	291.14	30.79	260.35	50.3	41.4	51.5
青　岛	776.81	106.13	670.68	25.4	−17.9	36.8
郑　州	656.55	73.28	583.26	49.4	71.6	47.0
武　汉	606.01	120.68	485.34	11.9	−25.0	27.5
长　沙	701.91	114.69	587.22	46.3	−24.2	78.8
广　州	1 180.03	153.12	1 026.92	4.7	−33.7	14.6
深　圳	784.30	176.68	607.62	−24.0	−52.5	−8.0

续前表

城市	销售额（亿元）	现房	期房	比上年同期增长（%）		
				销售额	现房	期房
南　宁	298.01	23.76	274.25	−2.5	−16.8	−1.1
北　海	73.17	4.63	68.54	34.4	−61.4	61.4
海　口	161.14	19.12	142.02	66.2	32.9	72.0
三　亚	243.82	29.75	214.07	92.1	33.9	104.4
重　庆	1 610.64	139.80	1 470.85	30.8	−21.5	39.6
成　都	1 334.38	145.76	1 188.62	7.7	10.5	7.3
贵　阳	310.48	23.69	286.79	16.8	−68.2	49.8
昆　明	373.99	29.73	344.26	33.3	−18.7	41.0
西　安	661.27	29.29	631.99	46.7	−25.8	53.7
兰　州	84.04	24.39	59.65	7.3	−4.3	12.9
西　宁	66.10	7.26	58.84	58.8	−30.8	88.9
银　川	153.70	26.59	127.11	8.1	−37.2	27.2
乌鲁木齐	169.00	24.58	144.42	5.1	−30.4	15.0

附表 31　　2010 年 40 个重点城市办公楼销售额增长情况

城市	销售额（亿元）			比上年同期增长（%）		
		现房	期房	销售额	现房	期房
合　计	**1 910.33**	**503.89**	**1 406.44**	**28.0**	**5.9**	**38.3**
北　京	487.32	104.85	382.47	13.0	−18.5	26.4
天　津	48.90	41.08	7.82	48.6	42.0	97.2
石家庄	4.03	2.00	2.02	190.5	271.7	138.8
太　原	2.79	2.54	0.25	−23.9	−30.8	
呼和浩特	5.06	5.01	0.05	19.3	25.5	−79.9
沈　阳	17.39	8.67	8.72	47.8	2.1	166.5
大　连	28.42	1.83	26.59		194.0	
长　春	1.84	0.24	1.61	−1.2	−83.7	283.6
哈尔滨	1.65	1.60	0.05	−72.2	−71.4	−84.8
上　海	307.67	102.72	204.96	−29.8	−17.7	−34.7
南　京	19.02	4.62	14.41	−35.6	−69.5	0.1
无　锡	25.88	9.44	16.44	127.8	171.3	108.7
苏　州	53.77	19.77	34.00	9.3	179.4	−19.2

续前表

城市	销售额（亿元）	现房	期房	比上年同期增长（%）		
				销售额	现房	期房
杭　州	154.91	24.38	130.53	95.5	64.1	102.8
宁　波	74.38	15.22	59.16	38.9	63.6	33.8
温　州	10.88	1.59	9.29	－12.0	－37.8	－5.3
合　肥	44.59	3.96	40.64	138.5	－5.5	180.1
福　州	29.63	0.28	29.35		－20.8	
厦　门	38.00	6.51	31.49	150.7	59.4	184.4
南　昌	12.13	8.06	4.08	268.8	158.6	
济　南	17.43	2.60	14.83	316.4	115.8	397.2
青　岛	23.57	11.81	11.77	－22.2	48.4	－47.4
郑　州	47.53	4.30	43.23	77.8	112.2	74.9
武　汉	11.98	10.00	1.98	138.0		－56.4
长　沙	5.13	2.37	2.76	－17.4	－38.1	16.1
广　州	189.55	67.88	121.66	166.0	47.7	380.9
深　圳	34.28	5.41	28.87	－16.4	－75.1	50.2

续前表

城市	销售额（亿元）	现房	期房	比上年同期增长（%）		
				销售额	现房	期房
南　宁	9.09	0.81	8.28	199.2	78.0	220.6
北　海						
海　口	3.52	1.56	1.96	120.0		23.6
三　亚						
重　庆	59.70	16.24	43.46	295.8	162.9	388.0
成　都	72.29	3.25	69.04	112.5	−35.2	138.0
贵　阳	12.52	0.34	12.17	36.9	−72.2	53.9
昆　明	13.86	6.36	7.51	18.5	296.0	−25.6
西　安	21.29	0.93	20.36	121.4	−57.4	174.0
兰　州	1.67	1.01	0.66	−38.1	−4.6	−59.7
西　宁	0.22	0.01	0.21	−55.9	−94.2	−31.2
银　川	7.72	3.03	4.69	36.4	34.5	37.6
乌鲁木齐	10.69	1.62	9.06	122.1	19.9	162.2

附表 32　2010 年 40 个重点城市商业营业用房销售额增长情况

城市	销售额（亿元）			比上年同期增长（%）		
		现房	期房	销售额	现房	期房
合　计	**2 614.32**	**1 005.79**	**1 608.54**	**35.9**	**28.1**	**41.2**
北　京	318.99	128.41	190.57	6.4	0.2	11.0
天　津	109.31	43.73	65.58	100.6	29.1	217.9
石家庄	5.58	0.74	4.84	−12.2	−31.5	−8.2
太　原	16.30	2.51	13.79	78.8	−44.8	201.9
呼和浩特	37.00	30.42	6.59	−3.7	61.2	−66.3
沈　阳	130.30	64.65	65.65	51.1	50.0	52.1
大　连	50.45	18.65	31.79	40.9	28.1	49.7
长　春	38.71	11.54	27.17	37.9	−27.8	124.7
哈尔滨	36.04	21.84	14.20	43.1	30.8	67.3
上　海	197.57	89.92	107.66	2.5	4.3	1.1
南　京	65.64	11.47	54.17	29.1	0.3	37.4
无　锡	119.84	37.29	82.55	44.4	40.6	46.3
苏　州	187.94	55.99	131.95	8.3	−13.8	21.5

续前表

城市	销售额（亿元）			比上年同期增长（%）		
		现房	期房	销售额	现房	期房
杭　州	94.20	31.69	62.52	69.8	26.5	105.4
宁　波	91.93	24.49	67.43	41.9	28.6	47.4
温　州	26.40	9.13	17.28	2.0	−8.1	8.3
合　肥	69.38	11.27	58.11	68.3	29.9	78.6
福　州	43.45	8.62	34.84	42.0	21.4	48.3
厦　门	33.04	7.69	25.35	35.4	−23.0	75.9
南　昌	12.33	3.51	8.82	−2.4	−16.3	4.5
济　南	18.33	3.08	15.25	40.0	16.7	45.9
青　岛	82.32	28.42	53.89	66.6	34.2	90.9
郑　州	59.88	20.38	39.50	28.4	46.1	20.9
武　汉	58.54	33.59	24.95	105.1	191.4	46.7
长　沙	31.25	17.84	13.41	28.7	65.9	−0.9
广　州	235.76	91.45	144.30	227.0	140.6	323.4
深　圳	55.08	41.97	13.11	63.9	164.5	−26.1

续前表

城市	销售额（亿元）	现房	期房	比上年同期增长（%）		
				销售额	现房	期房
南　宁	19.04	5.37	13.66	5.3	40.0	−4.1
北　海	2.28	0.27	2.01	−9.5	−61.0	9.7
海　口	3.20	2.29	0.91	−9.9	193.0	−67.0
三　亚	0.06		0.06	−77.3		8.0
重　庆	155.46	82.84	72.62	38.5	57.1	21.9
成　都	66.70	14.33	52.37	43.0	30.2	47.0
贵　阳	25.15	5.36	19.79	−15.5	−35.2	−7.9
昆　明	41.94	13.11	28.83	67.6	148.8	45.9
西　安	21.46	3.06	18.41	−20.7	−73.5	18.4
兰　州	10.61	6.70	3.91	55.0	46.1	73.1
西　宁	5.81	1.84	3.96	119.2	44.7	188.3
银　川	22.38	13.25	9.13	−27.2	−17.0	−38.2
乌鲁木齐	14.69	7.07	7.62	19.8	36.9	7.3

附表 33　2010 年 40 个重点城市房屋开发规模与开、竣工面积增长情况

城市	施工面积（万平方米）		竣工面积（万平方米）	比上年同期增长（%）		
		新开工面积		施工面积	新开工面积	竣工面积
合　计	**188 623.67**	**65 047.70**	**32 489.46**	**20.4**	**43.4**	**−1.6**
北　京	10 300.86	2 974.24	2 386.71	6.0	32.4	−10.9
天　津	7 160.74	2 911.66	2 098.55	18.3	13.9	10.3
石家庄	4 237.68	1 290.15	499.05	80.7	−5.7	71.2
太　原	2 366.52	687.02	129.58	33.5	36.0	−26.7
呼和浩特	2 461.13	1 263.00	462.78	34.3	161.4	1.4
沈　阳	8 851.45	3 655.44	1 393.22	29.3	49.1	7.7
大　连	5 060.54	1 837.30	570.97	45.0	62.3	3.9
长　春	3 089.42	1 283.89	963.73	30.0	5.5	66.0
哈尔滨	2 911.04	1 589.49	500.78	51.4	38.0	−5.4
上　海	11 295.03	3 030.59	1 941.25	13.5	22.1	−7.8
南　京	4 517.97	1 702.26	1 039.57	3.5	47.1	−31.4
无　锡	4 474.59	1 752.54	1 001.65	36.2	29.9	39.2
苏　州	8 019.55	2 757.34	1 594.70	13.8	71.3	−15.1
杭　州	6 227.05	1 929.08	1 100.18	21.1	78.4	31.5
宁　波	3 820.70	1 406.02	642.47	23.1	73.1	−3.5
温　州	2 507.50	544.11	306.32	8.1	−4.0	−10.2
合　肥	5 338.63	1 750.70	794.61	12.4	18.5	32.3
福　州	3 599.46	1 451.48	345.81	37.0	162.4	−28.8
厦　门	3 088.53	722.45	680.41	−0.2	189.8	−4.3

续前表

城市	施工面积（万平方米）		竣工面积（万平方米）	比上年同期增长（%）		
		新开工面积		施工面积	新开工面积	竣工面积
南　昌	2 146.18	509.10	399.12	20.4	41.5	9.3
济　南	2 363.53	971.81	245.75	10.9	92.1	−47.4
青　岛	5 058.40	1 712.39	1 020.51	17.4	28.8	25.3
郑　州	6 255.49	1 811.77	944.62	20.2	25.6	46.9
武　汉	5 068.42	2 626.27	919.40	12.9	59.1	−2.7
长　沙	6 687.29	2 302.41	1 392.55	8.4	28.8	5.9
广　州	6 464.12	1 955.49	1 094.59	16.4	78.2	1.5
深　圳	2 939.94	470.96	344.43	−5.5	−4.4	−14.3
南　宁	3 147.52	967.56	519.41	20.1	37.9	18.1
北　海	841.83	408.43	9.03	98.8	87.7	−80.8
海　口	874.24	240.68	111.40	29.9	16.8	−5.4
三　亚	584.95	189.04	130.03	13.4	40.0	9.1
重　庆	17 138.50	6 312.64	2 626.59	31.3	65.5	−9.6
成　都	9 778.90	2 698.23	1 577.86	16.3	70.1	−9.4
贵　阳	3 982.84	1 350.31	532.60	28.7	86.3	−28.0
昆　明	3 547.50	1 300.62	590.78	23.3	13.2	−20.3
西　安	6 697.39	2 043.82	463.65	17.8	22.5	−14.6
兰　州	1 467.21	406.19	206.97	16.5	6.0	−1.2
西　宁	1 146.00	552.06	195.75	58.4	36.0	33.9
银　川	1 605.26	959.43	458.18	25.3	41.0	−12.8
乌鲁木齐	1 499.77	719.71	253.90	23.7	26.2	−34.5

附表 34　2010 年 40 个重点城市住宅开发规模与开、竣工面积增长情况

城市	施工面积（万平方米）		竣工面积（万平方米）	比上年同期增长（%）		
		新开工面积		施工面积	新开工面积	竣工面积
合　计	**139 647.58**	**49 582.24**	**24 691.97**	**19.7**	**44.4**	**−4.8**
北　京	6 176.02	2 063.40	1 498.48	11.2	49.5	−7.1
天　津	5 117.60	2 026.89	1 603.65	13.3	6.4	1.4
石家庄	3 487.13	1 047.59	429.00	82.6	−6.6	81.3
太　原	1 922.21	555.61	99.39	31.6	32.7	−30.5
呼和浩特	1 901.16	954.98	349.09	30.9	162.1	−5.5
沈　阳	6 634.19	2 916.66	1 107.70	30.9	55.2	3.0
大　连	4 010.24	1 416.46	461.29	42.6	53.8	−2.3
长　春	2 454.11	1 059.36	798.54	29.5	8.9	58.5
哈尔滨	2 408.05	1 299.20	421.31	50.0	35.7	−6.0
上　海	7 313.85	2 111.11	1 396.05	11.6	22.7	−7.5
南　京	3 174.48	1 236.75	737.43	−0.4	53.9	−39.9
无　锡	3 416.34	1 430.25	789.53	39.7	44.7	42.5
苏　州	5 806.63	2 118.72	1 117.16	13.5	70.6	−20.8
杭　州	4 249.18	1 267.43	802.29	15.9	66.7	28.0
宁　波	2 235.78	776.99	371.09	17.0	54.7	−12.3
温　州	1 789.09	384.94	225.22	7.4	−4.0	−8.7
合　肥	4 005.80	1 327.34	579.38	8.9	21.0	21.3
福　州	2 908.55	1 119.54	294.57	30.0	133.2	−30.5
厦　门	1 891.48	421.56	433.63	−2.8	211.5	−8.8

续前表

城市	施工面积（万平方米）		竣工面积（万平方米）	比上年同期增长（%）		
		新开工面积		施工面积	新开工面积	竣工面积
南 昌	1 743.33	416.69	314.04	17.5	49.0	—3.8
济 南	1 868.37	758.87	204.10	6.1	104.3	—45.4
青 岛	3 602.77	1 319.03	732.72	17.8	38.6	13.7
郑 州	4 582.79	1 315.10	751.86	16.4	13.7	41.8
武 汉	3 811.68	1 931.53	733.48	6.4	54.8	—11.0
长 沙	5 445.71	1 899.02	1 160.47	6.8	29.1	5.1
广 州	3 983.84	1 313.76	774.69	15.4	88.4	—2.4
深 圳	2 025.14	355.17	251.11	—3.0	8.3	—6.8
南 宁	2 378.86	767.78	433.34	21.8	49.0	20.0
北 海	747.41	367.89	8.06	96.5	85.2	—81.9
海 口	674.91	167.43	79.71	21.3	—4.1	—24.2
三 亚	518.63	171.73	110.67	12.4	44.2	—2.9
重 庆	13 744.78	5 268.76	2 179.81	33.0	76.2	—8.6
成 都	7 550.32	1 980.06	1 301.21	12.1	55.8	—11.0
贵 阳	2 967.72	1 106.11	410.89	25.7	98.1	—36.0
昆 明	2 835.63	1 016.51	455.19	22.2	18.3	—27.8
西 安	5 777.71	1 771.33	412.44	18.3	22.3	—9.1
兰 州	1 119.44	318.38	155.90	13.3	4.0	—5.5
西 宁	934.01	441.26	172.99	54.3	32.9	35.1
银 川	1 202.26	743.33	338.64	27.2	45.6	—19.3
乌鲁木齐	1 230.37	617.69	195.88	24.7	24.1	—41.6

附表 35　2010 年 40 个重点城市办公楼开发规模与开、竣工面积增长情况

城市	施工面积（万平方米）		竣工面积（万平方米）	比上年同期增长（%）		
		新开工面积		施工面积	新开工面积	竣工面积
合　计	**8 854.28**	**2 375.87**	**1 266.64**	**17.1**	**24.0**	**0.6**
北　京	1 054.84	203.29	198.42	−6.8	−20.6	−37.3
天　津	396.61	206.73	102.42	13.8	15.1	22.4
石家庄	129.34	26.22	12.04	101.6	−22.8	341.3
太　原	87.15	29.79	5.30	85.8	193.2	2.9
呼和浩特	99.24	60.71	16.58	37.1	381.2	−45.3
沈　阳	329.22	97.50	21.12	28.6	−1.6	37.0
大　连	106.52	31.91	23.25	18.3	172.0	196.7
长　春	83.42	11.02	7.63	10.6	−49.9	44.0
哈尔滨	28.37	18.36	4.60	79.3	100.4	18.6
上　海	1 103.18	147.39	150.69	15.6	−9.2	11.6
南　京	191.54	66.72	54.36	39.2	303.3	125.8
无　锡	142.08	31.61	21.49	2.7	−50.7	2.7
苏　州	378.37	114.05	85.64	32.6	171.8	125.1
杭　州	563.63	152.07	61.34	21.9	44.0	52.6
宁　波	334.39	165.29	61.28	52.3	263.5	35.1
温　州	72.65	8.05	2.64	−1.9	−29.4	−69.4
合　肥	365.81	102.00	35.35	20.8	−3.1	−16.5
福　州	95.48	54.35	1.38	221.6		−72.4
厦　门	262.60	94.51	25.14	24.9	127.9	−2.2

续前表

城市	施工面积（万平方米）		竣工面积（万平方米）	比上年同期增长（%）		
		新开工面积		施工面积	新开工面积	竣工面积
南　昌	80.40	31.58	15.53	108.9	51.3	
济　南	72.33	29.20	4.21	—25.6	4.7	—92.0
青　岛	166.93	19.43	36.41	—8.1	—48.9	12.6
郑　州	409.45	144.93	35.89	51.4	207.8	110.3
武　汉	170.29	60.76	32.39	6.8	—21.9	84.7
长　沙	93.64	28.06	17.59	—11.4	22.6	—37.9
广　州	525.10	89.11	64.83	9.1	—11.1	60.9
深　圳	182.36	15.26	32.05	—3.6	—52.0	28.0
南　宁	75.54	5.93	10.07	—0.3	—71.3	110.4
北　海	3.88	1.94		395.2	402.2	
海　口	29.67	10.21	10.90	103.7		
三　亚	1.35	0.47	0.68	53.3		
重　庆	247.56	57.20	30.03	17.7	—9.2	—35.2
成　都	370.29	119.57	26.10	38.1	41.3	—30.5
贵　阳	97.81	15.37	8.98	10.4	—18.2	—46.8
昆　明	117.72	42.68	8.85	62.5	23.1	—60.7
西　安	205.42	32.90	7.63	—7.2	—7.7	—68.3
兰　州	40.25	5.61	4.07	—1.4	—17.9	—63.7
西　宁	23.61	17.22	3.86	197.8	409.1	150.3
银　川	62.48	16.62	15.27	—4.1	—50.9	31.3
乌鲁木齐	53.75	10.25	10.63	—6.2	—36.8	—16.2

附表 36　　2010 年 40 个重点城市商业营业用房开发规模与开、竣工面积增长情况

城市	施工面积（万平方米）		竣工面积（万平方米）	比上年同期增长（%）		
		新开工面积		施工面积	新开工面积	竣工面积
合　计	**19 568.68**	**6 101.71**	**3 344.85**	**18.9**	**30.4**	**15.8**
北　京	1 229.33	242.42	271.92	−7.1	6.1	−15.7
天　津	1 004.27	407.83	235.29	47.2	29.4	103.1
石家庄	459.24	157.60	39.29	84.7	13.1	122.7
太　原	208.66	60.23	19.14	51.7	133.3	−1.3
呼和浩特	335.33	182.14	72.84	63.2	147.4	116.5
沈　阳	1 462.33	495.94	202.86	19.6	25.4	23.1
大　连	525.82	204.99	55.31	46.5	74.2	30.9
长　春	330.30	125.37	99.43	30.2	−9.1	98.1
哈尔滨	256.09	148.53	48.61	38.2	28.8	−5.1
上　海	1 292.96	298.10	176.41	16.8	47.8	−12.3
南　京	546.72	147.47	116.20	4.1	−7.4	−7.7
无　锡	644.92	206.43	125.25	32.7	0.8	11.1
苏　州	1 142.88	308.39	249.88	8.8	61.5	−6.5
杭　州	464.58	161.73	96.59	25.9	106.9	42.9
宁　波	417.64	135.66	73.19	25.1	65.9	24.1
温　州	206.14	38.29	26.75	−2.2	−19.5	−29.7
合　肥	578.48	177.00	120.77	21.2	3.4	112.1
福　州	227.64	91.42	23.37	46.1	286.2	34.8
厦　门	208.83	44.98	31.88	1.0	38.3	−23.4

续前表

城市	施工面积（万平方米）		竣工面积（万平方米）	比上年同期增长（%）		
		新开工面积		施工面积	新开工面积	竣工面积
南 昌	205.00	38.73	51.43	18.0	—13.2	59.7
济 南	268.66	125.99	17.98	66.6	132.2	—17.8
青 岛	661.63	172.31	154.50	13.3	—7.5	102.9
郑 州	658.33	157.59	79.20	16.6	33.0	32.4
武 汉	466.58	274.66	96.44	31.6	67.8	137.7
长 沙	389.49	130.43	68.21	13.2	41.1	—1.6
广 州	866.20	192.38	131.46	14.1	99.5	23.3
深 圳	298.62	38.69	25.27	—9.0	—36.6	—21.5
南 宁	290.77	59.60	25.93	6.6	—19.0	19.7
北 海	45.31	19.32	0.97	97.8	253.2	—25.8
海 口	64.25	10.39	10.53	11.7	—39.4	37.7
三 亚	35.06	9.33	8.89	29.2	—16.4	
重 庆	1 549.77	433.68	229.44	15.3	7.3	—11.2
成 都	634.98	214.80	80.84	21.4	138.9	18.9
贵 阳	318.10	78.02	58.20	14.9	23.2	40.6
昆 明	280.41	106.29	55.69	—1.0	—32.8	—3.6
西 安	427.23	148.60	23.82	17.4	34.4	—56.5
兰 州	157.17	48.87	31.37	22.3	44.8	35.9
西 宁	112.70	49.13	15.32	45.4	—1.5	6.4
银 川	180.12	107.50	65.88	2.5	40.8	—14.6
乌鲁木齐	116.12	50.87	28.48	32.2	69.3	691.8

附表 37　2010 年 40 个重点城市土地开发与购置增长情况

城市	土地购置费（亿元）	本年购置土地面积（万平方米）	完成开发土地面积（万平方米）	比上年同期增长（%）		
				土地购置费	本年购置土地面积	完成开发土地面积
合　计	**6 509.08**	**14 798.98**	**7 099.25**	**73.3**	**28.7**	**−16.3**
北　京	1 292.75	858.75	48.44	120.0	37.4	−86.7
天　津	134.08	652.46	352.88	51.7	46.7	−4.6
石家庄	71.89	657.36	268.32	23.2	163.4	64.5
太　原	40.51	193.67	214.36	8.8	6.7	−0.2
呼和浩特	30.71	412.23	137.49	43.0	81.6	275.5
沈　阳	237.29	1314.00	361.46	53.2	176.2	66.7
大　连	121.28	624.31	365.54	41.5	46.2	−7.0
长　春	86.63	499.55		59.7	3.0	
哈尔滨	54.10	388.58	101.39	1.7	3.1	−20.5
上　海	449.27	432.44	237.79	110.0	133.9	170.7
南　京	220.19	150.80	19.53	65.6	−47.1	−82.9
无　锡	145.34	192.23	162.06	104.3	10.8	1.2
苏　州	223.57	430.93	196.39	60.6	23.2	−12.9
杭　州	408.98	435.90	39.73	67.7	17.4	6.9
宁　波	218.81	286.72	484.62	101.5	46.2	49.7
温　州	102.34	18.38	44.89	2.9	−74.6	−20.9
合　肥	199.71	325.54	114.08	94.3	0.3	−4.1
福　州	292.42	332.39	25.87	225.7	12.3	−34.8
厦　门	250.34	309.92		88.8	47.3	
南　昌	46.00	164.45	165.57	152.2	7.3	81.4

续前表

城市	土地购置费（亿元）	本年购置土地面积（万平方米）	完成开发土地面积（万平方米）	比上年同期增长（%）		
				土地购置费	本年购置土地面积	完成开发土地面积
济　南	159.84	531.98	28.37	66.6	315.1	−44.6
青　岛	149.24	478.81	396.26	44.4	58.6	4.7
郑　州	140.10	717.95	173.12	78.2	64.3	−45.0
武　汉	219.43	274.55	650.32	111.1	20.0	−26.5
长　沙	102.35	288.48	216.78	69.1	−26.5	−66.1
广　州	154.31	156.90	489.14	9.6	−72.8	118.0
深　圳	60.99	13.87	20.29	34.8	−54.4	−1.4
南　宁	42.46	189.58	147.12	47.0	26.9	7.7
北　海	20.91	61.73	14.22	96.1	−31.4	−62.6
海　口	4.89	53.91	2.61	3.7	−25.9	−95.6
三　亚	13.67	22.98	44.43	54.0		81.7
重　庆	371.44	1 369.22	649.07	56.0	11.5	−38.2
成　都	231.26	218.25	115.25	58.9	1.1	−61.3
贵　阳	32.35	596.11	219.57	73.6	223.5	223.9
昆　明	48.33	325.72	110.14	−34.0	−39.5	−77.6
西　安	87.45	395.13	183.27	65.2	83.9	−42.9
兰　州	16.26	119.71	56.96	0.4	−39.3	40.1
西　宁	8.86	87.91		−48.6	−35.0	
银　川	8.65	106.85	34.96	−3.0	−39.0	−43.1
乌鲁木齐	10.10	108.69	206.96	−0.7	20.0	57.3

附表 38　全国房地产开发景气指数

年　月	房地产开发综合景气指数	房地产开发投资分类指数	土地开发面积分类指数	商品房平均销售价格分类指数
2008 年 1 月	106. 11	105. 07	99. 78	105. 63
2 月	105. 55	104. 83	99. 34	104. 26
3 月	104. 72	104. 48	98. 11	102. 89
4 月	104. 07	104. 28	96. 88	102. 53
5 月	103. 34	104. 08	96. 42	102. 15
6 月	103. 08	104. 79	96. 69	102. 13
7 月	102. 36	104. 77	96. 71	101. 51
8 月	101. 78	104. 40	96. 42	100. 38
9 月	101. 15	103. 22	95. 69	98. 89
10 月	99. 68	101. 94	95. 05	97. 70
11 月	98. 46	100. 98	94. 79	96. 83
12 月	96. 46	99. 66	93. 47	97. 23
2009 年 2 月	94. 86	91. 88	92. 27	95. 76
3 月	94. 74	92. 00	92. 20	97. 43
4 月	94. 76	91. 20	92. 70	98. 30
5 月	95. 94	93. 13	92. 55	100. 01

续前表

年 月	房地产开发综合景气指数	房地产开发投资分类指数	土地开发面积分类指数	商品房平均销售价格分类指数
6月	96.55	93.60	92.39	101.96
7月	98.01	96.28	92.55	112.35
8月	100.08	97.75	93.25	113.76
9月	101.08	100.01	93.93	114.38
10月	102.03	100.49	94.59	114.88
11月	102.78	100.60	95.36	115.12
12月	103.66	100.42	95.69	115.20
2010年2月	105.47	101.83	88.39	115.09
3月	105.89	103.58	87.07	113.08
4月	105.66	104.94	88.45	112.77
5月	105.07	105.56	90.15	109.31
6月	105.06	105.54	93.22	106.78
7月	104.72	105.23	94.87	104.10
8月	104.11	104.89	94.42	103.57
9月	103.52	104.85	94.10	104.03
10月	103.57	104.88	94.46	104.55
11月	103.20	104.82	96.42	104.34
12月	101.79	103.87	96.03	

附表 39　2010年12月70个大中城市房地产价格指数

地区	房屋销售价格指数		新建商品住宅价格指数		二手住宅价格指数	
	同比	环比	同比	环比	同比	环比
全　国	**106.4**	**100.3**	**107.6**	**100.3**	**105.0**	**100.5**
北　京	106.3	100.2	109.9	100.2	102.6	100.3
天　津	105.6	100.8	106.8	100.5	103.2	100.6
石家庄	108.7	101.3	111.0	101.9	103.3	100.6
太　原	102.3	100.1	101.7	100.0	105.6	100.3
呼和浩特	107.3	100.5	108.0	100.5	103.1	100.3
沈　阳	108.3	100.3	109.2	100.4	108.2	100.2
大　连	106.1	100.2	106.6	100.3	108.0	100.2
长　春	103.9	100.3	105.5	100.1	101.3	100.4
哈尔滨	105.9	100.1	107.1	100.1	103.6	100.1
上　海	102.2	100.4	101.3	100.3	103.3	100.6
南　京	101.2	100.1	102.7	100.0	99.2	100.4
杭　州	100.5	99.8	100.2	99.6	104.2	100.3
宁　波	100.8	100.0	103.5	100.0	97.4	99.9
合　肥	109.1	101.0	108.7	100.7	108.7	100.6
福　州	102.5	100.1	104.6	100.0	99.9	100.3
厦　门	101.5	100.1	102.9	100.0	100.2	100.3
南　昌	106.1	100.6	107.5	100.4	102.2	100.8

续前表

地区	房屋销售价格指数		新建商品住宅价格指数		二手住宅价格指数	
	同比	环比	同比	环比	同比	环比
济 南	104.7	100.4	106.0	100.3	102.6	100.8
青 岛	105.5	100.5	106.2	100.4	105.9	101.0
郑 州	108.8	100.1	108.8	100.1	108.7	100.4
武 汉	106.6	100.2	106.4	100.1	107.0	100.4
长 沙	107.6	100.7	109.6	100.8	102.9	100.7
广 州	100.4	101.1	100.1	102.4	101.1	100.1
深 圳	101.4	100.8	101.6	100.5	100.7	101.3
南 宁	102.1	100.3	101.6	100.3	103.7	100.0
海 口	135.5	100.2	144.2	100.0	121.6	100.6
重 庆	106.9	100.3	108.2	100.3	101.7	100.2
成 都	102.3	100.5	103.8	100.5	100.1	100.2
贵 阳	105.4	100.6	105.3	100.6	107.5	100.6
昆 明	104.5	100.1	105.4	100.4	103.4	100.0
西 安	108.2	99.9	108.1	99.7	106.2	101.0
兰 州	111.3	101.0	110.3	101.0	116.8	101.5
西 宁	106.1	100.5	107.9	100.3	105.8	100.6
银 川	105.2	100.0	106.1	100.0	104.0	100.0
乌鲁木齐	108.5	100.2	108.4	100.0	109.6	100.8

续前表

地区	房屋销售价格指数		新建商品住宅价格指数		二手住宅价格指数	
	同比	环比	同比	环比	同比	环比
唐　山	103.1	100.1	103.7	100.1	101.7	100.1
秦皇岛	107.9	100.6	111.5	101.0	104.4	100.2
包　头	105.1	100.3	106.3	100.4	100.2	100.0
丹　东	107.2	100.8	110.6	101.4	101.5	99.8
锦　州	104.1	100.1	105.6	100.2	100.3	100.0
吉　林	107.6	101.0	109.1	101.4	105.6	100.2
牡丹江	108.2	100.8	107.9	101.4	109.1	100.1
无　锡	102.5	100.2	103.0	100.3	102.4	100.1
扬　州	104.2	100.4	104.3	100.3	105.0	100.7
徐　州	102.0	100.1	102.7	100.1	100.5	100.0
温　州	108.8	100.7	102.4	100.0	114.2	101.1
金　华	106.5	100.4	109.3	100.2	102.7	99.9
蚌　埠	106.7	100.4	107.7	100.4	106.8	100.5
安　庆	109.1	101.4	111.7	101.7	104.9	101.2
泉　州	100.4	100.1	100.1	100.2	98.4	100.0
九　江	106.6	100.5	106.6	100.5	105.3	100.1
赣　州	108.3	101.0	113.0	101.7	102.7	100.2
烟　台	104.9	100.6	105.1	100.6	105.3	100.6

续前表

地区	房屋销售价格指数		新建商品住宅价格指数		二手住宅价格指数	
	同比	环比	同比	环比	同比	环比
济　宁	103.4	100.7	103.2	100.3	105.0	101.4
洛　阳	104.8	100.1	103.5	100.0	108.6	100.5
平顶山	102.7	100.8	104.3	101.2	100.0	100.0
宜　昌	108.4	100.2	111.1	100.2	101.3	100.2
襄　樊	107.4	101.0	108.2	100.9	106.1	101.2
岳　阳	115.6	101.7	118.3	101.9	112.8	101.9
常　德	106.2	100.4	106.1	100.4	109.2	100.3
惠　州	104.0	100.2	104.4	99.9	101.9	100.2
湛　江	107.5	100.4	106.2	100.5	110.7	100.3
韶　关	102.1	100.3	103.0	100.4	100.5	100.1
桂　林	106.7	101.3	105.1	101.5	105.1	100.5
北　海	105.4	100.0	107.1	100.0	102.3	100.0
三　亚	143.3	100.1	147.5	100.1	138.8	100.3
泸　州	102.6	100.1	102.8	100.1	99.4	100.4
南　充	102.4	101.0	102.5	100.7	100.2	100.6
遵　义	104.6	101.1	104.0	101.3	110.9	99.9
大　理	102.9	100.1	102.6	100.0	105.2	100.5

注：同比以上年同月价格为100，环比以上月价格为100。

附表 40　美国住房销售量和住房价格

项目	2008年	2009年	2010年											
			1月	2月	3月	4月	5月	6月	7月	8月	9月	10月	11月	12月
现房销售量（万套）	491.3	515.6	505.0	501.0	536.0	579.0	566.0	526.0	384.0	412.0	453.0	443.0	470.0	528.0
同比增长率（%）	−13.1	4.9	11.5	6.8	16.3	23.2	19.2	7.6	−25.3	−19.2	−19.1	−25.9	−27.6	−2.9
环比增长率（%）			−7.2	−0.8	7.0	8.0	−2.2	−7.1	−27.0	7.3	10.0	−2.2	6.1	12.3
现房价格（万美元/标准套）	19.8	17.3	16.49	16.46	16.96	17.23	17.46	18.30	18.21	17.75	17.15	17.04	17.02	16.88
同比增长率（%）	−9.5	−12.9	0.0	−1.8	0.4	4.0	2.7	1.0	0.7	0.8	−2.4	−0.9	0.4	−1.0
待售现房可供销售月数（月）	10.4	8.8	7.8	8.5	8.1	8.4	8.3	8.9	12.5	12.0	10.6	10.5	9.5	8.1
新房销售量（万套）	48.5	37.5	34.9	34.7	38.4	41.4	28.2	31.0	28.3	27.4	30.8	27.5	29.0	
同比增长率（%）	−37.5	−22.7	2.9	−6.2	9.7	21.4	−23.2	−21.7	−30.6	−32.3	−21.2	−30.6	−21.2	
环比增长率（%）			−2.0	−0.6	10.7	7.8	−31.9	9.9	−8.7	−3.2	12.4	−10.7	5.5	
新房价格（万美元/标准套）	23.2	21.7	21.82	22.19	22.48	20.83	23.05	21.95	21.21	22.66	22.93	19.7	21.30	
同比增长率（%）	−6.4	−6.6	4.6	5.8	9.6	−5.0	3.7	2.2	−1.0	9.4	5.9	−8.3	−2.7	
待售新房可供销售月数（月）			8.0	8.0	7.1	6.3	9.2	8.2	8.9	9.1	7.9	8.8	8.2	
新房开工数（万套）	90.6	55.4	61.2	60.5	63.4	67.9	58.8	53.9	55.0	61.4	60.1	53.3	55.3	52.9
同比增长率（%）	−33.1	−38.9	25.4	4.1	21.9	42.3	6.9	−7.5	−6.3	5.0	2.6	0.8	−6.1	−8.2
环比增长率（%）			6.3	−1.1	4.8	7.1	−13.4	−8.3	2.0	11.6	−2.1	−11.3	3.8	−4.3
FHFA 购房价格指数（1991年1月=100）			194.0	192.9	193.1	194.7	195.5	193.1	191.9	191.8	189.6	190.8		
同比增长率（%）			−3.2	−3.7	−2.7	−1.4	−1.3	−2.5	−3.4	−2.8	−3.8	−3.4		
环比增长率（%）			−0.5	−0.6	0.2	0.8	0.4	−1.2	−0.6	0.0	−1.2	0.7		

资料来源：美国普查局，美国房地产经纪人协会，美国联邦住房金融局。

附表 41 英国房价

时间	平均价格（万英镑/标准套）	环比涨跌率（%）	同比涨跌率（%）
2009 年			
1 月	15.05	—1.2	—16.6
2 月	14.77	—1.8	—17.6
3 月	15.09	1.1	—15.7
4 月	15.19	—0.3	—15
5 月	15.4	1.3	—11.3
6 月	15.64	1	—9.3
7 月	15.89	1.4	—6.2
8 月	16.02	1.4	—2.7
9 月	16.18	0.9	0
10 月	16.20	0.4	2
11 月	16.28	0.5	2.7
12 月	16.21	0.5	5.9
2010 年			
1 月	16.35	1.2	8.6
2 月	16.13	—0.8	9.2

续前表

时间	平均价格（万英镑/标准套）	环比涨跌率（%）	同比涨跌率（%）
3月	16.45	0.7	9
4月	16.78	1.1	10.5
5月	16.92	0.5	9.8
6月	17.01	0	8.7
7月	16.93	−0.5	6.6
8月	16.65	−0.8	3.9
9月	16.68	0	3.1
10月	16.44	−0.7	1.4
11月	16.34	−0.3	0.4
12月	16.28	0.4	0.4

注：环比数据经季节因素调整。

资料来源：英国建筑协会。

附表 42　　日本、加拿大数据

时间	日本新房开工数			加拿大新房价格		
	新房开工数（套）	同比增长率（%）	环比增长率（%）	新房价格指数（1997 年=100）	同比涨跌率（%）	环比涨跌率（%）
2005 年	1 236 175	4.0		129.4	5.0	
2006 年	1 290 391	4.4		142.0	9.7	
2007 年	1 060 741	−17.8		153.0	7.7	
2008 年	1 093 519	3.1		158.2	3.4	
2009 年						
1 月	70 688	−18.7	−14.0	156.4	−0.8	−0.6
2 月	62 303	−24.9	−11.9	155.3	−1.8	−0.7
3 月	66 628	−20.7	6.9	154.6	−2.4	−0.5
4 月	66 198	−32.4	−0.6	153.7	−3.0	−0.6
5 月	62 805	−30.8	−5.1	153.5	−3.1	−0.1
6 月	68 268	−32.4	8.7	153.2	−3.3	−0.2
7 月	65 974	−32.1	−3.4	153.6	−3.2	0.3
8 月	59 749	−38.3	−9.4	153.7	−3.1	0.1
9 月	61 181	−37.0	2.4	154.4	−2.7	0.5
10 月	67 120	−27.1	9.7	154.8	−2.1	0.3
11 月	68 198	−19.1	1.6	155.4	−1.4	0.4
12 月	69 298	−15.7	1.6	156.0	−0.9	0.4

续前表

时间	日本新房开工数			加拿大新房价格		
	新房开工数（套）	同比增长率（%）	环比增长率（%）	新房价格指数（1997年=100）	同比涨跌率（%）	环比涨跌率（%）
2010年						
1月	64 951	−8.1	−6.3	156.6	0.1	0.4
2月	56 527	−9.3	−13.0	156.7	0.9	0.1
3月	65 008	−2.4	15.0	157.1	1.6	0.3
4月	66 568	0.6	2.4	157.5	2.5	0.3
5月	59 911	−4.6	−10.0	158.0	2.9	0.3
6月	68 688	0.6	14.7	158.2	3.3	0.1
7月	68 785	4.3	0.1	158.0	2.9	−0.1
8月	71 972	20.5	4.6	158.2	2.9	0.1
9月	71 998	17.7	0.0	158.5	2.7	0.2
10月	71 390	6.4	−0.8	158.6	2.5	0.1
11月	72 838	6.8	2.0			

资料来源：日本国土资源厅，加拿大统计局。

附表 43　　中国香港住房销售量和价格

时间	销售量			销售价格		
	套数（套）	同比增长率（%）	环比增长率（%）	价格指数（1999 年=100）	同比增长率（%）	环比增长率（%）
2005 年	103 362	2.7		92.0	17.9	
2006 年	82 472	−20.2		92.7	0.8	
2007 年	123 575	49.8		103.5	11.7	
2008 年	95 931	−22.4		120.5	16.4	
2009 年						
1 月	4 875	−67.0	3.6	107.1	−13.1	2.2
2 月	4 487	−64.3	−8.0	107.8	−14.1	0.7
3 月	7 102	−25.6	58.3	109.2	−13.6	1.3
4 月	9 856	8.9	38.8	113.4	−9.1	3.8
5 月	11 788	42.3	19.6	116.7	−7.7	2.9
6 月	13 805	35.3	17.1	121.1	−4.3	3.8
7 月	12 023	61.8	−12.9	124.1	−0.6	2.5
8 月	11 250	112.9	−6.4	127.4	3.7	2.7
9 月	12 285	102.2	9.2	129.9	6.6	2.0
10 月	9 300	97.1	−24.3	131.7	15.2	1.4
11 月	9 213	182.3	−0.9	132.3	26.1	0.5
12 月	9 108	93.5	−1.1	134.5	28.3	1.7

续前表

时间	销售量			销售价格		
	套数（套）	同比增长率（%）	环比增长率（%）	价格指数（1999年=100）	同比增长率（%）	环比增长率（%）
2010年						
1月	10 656	118.6	17.0	138.3	29.1	2.7
2月	11 733	161.5	10.1	140.7	30.5	1.7
3月	10 860	52.9	−7.4	143.4	31.3	1.9
4月	12 236	24.1	12.7	146.6	29.3	2.2
5月	11 014	−6.6	−10.0	145.8	24.9	−0.5
6月	9 130	−33.9	−17.1	146.9	21.3	0.8
7月	12 957	7.8	41.9	151.3	21.9	3.0
8月	14 699	30.7	13.4	154.6	21.4	2.2
9月	10 424	−15.1	−29.1	155.3	19.6	0.5
10月	9 552	2.7	−8.4	158.8	20.6	2.3

资料来源：中国香港差饷物业估价署。

附表 44　澳大利亚、新加坡住房价格

时间	澳大利亚住房价格			新加坡私房价格		
	价格指数（1997 年＝100）	同比增长率（%）	环比增长率（%）	价格指数	同比涨跌率（%）	环比涨跌率（%）
2004 年	100.0	15.5			0.9	
2005 年	101.2	1.2			3.8	
2006 年	105.1	3.9			10.0	
2007 年	115.5	9.9			31.0	
2008 年	129.0	11.7		162.8	−4.7	
2009 年	126.1	−2.2		165.7	1.8	
2006 年						
第一季度	105.3	3.9	1.3	120.0	4.8	1.6
第二季度	109.3	7.3	3.8	122.1	6.0	1.7
第三季度	112.0	10.1	2.5	125.4	7.5	2.7
第四季度	114.1	9.7	1.9	130.2	10.2	3.8
2007 年						
第一季度	115.4	9.6	1.1	136.5	13.8	4.8
第二季度	120.3	10.1	4.2	147.8	21.0	8.3
第三季度	124.8	11.4	3.7	160.0	27.6	8.3
第四季度	130.1	14.C	4.2	170.8	31.2	6.8

续前表

时间	澳大利亚住房价格			新加坡私房价格		
	价格指数（1997年=100）	同比增长率（%）	环比增长率（%）	价格指数	同比涨跌率（%）	环比涨跌率（%）
2008年						
第一季度	131.0	13.5	0.7	177.2	29.8	3.7
第二季度	129.9	8.0	−0.8	177.5	20.1	0.2
第三季度	126.5	1.4	−2.6	173.3	8.3	−2.4
第四季度	124.8	−4.1	−1.3	162.8	−4.7	−6.1
2009年						
第一季度	123.8	−5.5	−0.8	139.9	−21.0	−14.1
第二季度	129.1	−0.6	4.3	133.3	−24.9	−4.7
第三季度	134.8	6.6	4.4	154.3	−11.0	15.8
第四季度	142.2	13.9	5.5	165.7	1.8	7.4
2010年						
第一季度	147.1	18.8	3.4	175.0	25.1	5.6
第二季度	150.1	16.3	2	184.2	38.2	5.3
第三季度	150.3	11.5	0.1	189.6	22.9	2.9

资料来源：澳大利亚统计局，新加坡城市发展局。

图书在版编目（CIP）数据

2010年中国房地产市场运行监测报告/马建堂主编. —北京：中国人民大学出版社，2011.4
ISBN 978-7-300-13612-7

Ⅰ.①2… Ⅱ.①马… Ⅲ.①房地产市场-研究报告-中国-2010 Ⅳ.①F299.233.5

中国版本图书馆CIP数据核字（2011）第063998号

房地产蓝皮书
2010年中国房地产市场运行监测报告
主　编　马建堂
副主编　许宪春　魏贵祥
2010nian Zhongguo Fangdichan Shichang Yunxing Jiance Baogao

出版发行	中国人民大学出版社		
社　　址	北京中关村大街31号	**邮政编码**	100080
电　　话	010－62511242（总编室）		010－62511398（质管部）
	010－82501766（邮购部）		010－62514148（门市部）
	010－62515195（发行公司）		010－62515275（盗版举报）
网　　址	http://www.crup.com.cn		
	http://www.ttrnet.com（人大教研网）		
经　　销	新华书店		
印　　刷	北京鑫丰华彩印有限公司		
规　　格	162 mm×235 mm　16开本	**版　　次**	2011年5月第1版
印　　张	15.5 插页1	**印　　次**	2011年5月第1次印刷
字　　数	182 000	**定　　价**	98.00元
